Reprends le pouvoir !

Belle découverte Christelle !

= Alexia =

Illustrations des pages intérieures et de la couverture : © La Renarde Bouclée.
Illustrations : © Istock : p. 92 : sv_sunny ; p. 105 : Tatiana Vasilyeva ; p. 106, 114 : Tetiana Gutnyk ; p. 107 : 4zevar ; p. 108 : Dmytro Donets ; p. 109 : stdemi ; p. 110 : Kseniia_Designer ; p. 111 : DenPotisev ; p. 112 : pijama61 ; p. 117 : INDECcraft ; p. 118 : pleshko74 ; p. 119 : Bezvershenko ; p. 121 : EkaterinaKu ; p. 122 : ElenaMedvedeva ; p. 123 : balzbalz ; p. 124 : cuttlefish84.
Création maquette et mise en pages : Bénédicte Souffrant – PCA CMB.

ISBN : 978-2-38578-025-8

www.editions-tredaniel.com
info@tredaniel.fr
www.facebook.com/tredaniel.bienvivre
@tredaniel_bienvivre

ALEXIA JOURRY
@StrongWomenVibes
Illustré par **LA RENARDE BOUCLÉE**

Reprends le pouvoir !

LE GUIDE POUR CRÉER LA VIE QUI TE RESSEMBLE

GOOD MOOD DEALER
By EXERGUE
27, rue des Grands-Augustins
75006 Paris

Sommaire

Reprends le pouvoir sur ton corps

Reprends le pouvoir sur tes relations

Introduction

Brille de tout ton être. Et si ça ne plaît pas à quelqu'un, donne-lui des lunettes de soleil.

Si tu tiens ce livre entre tes mains, tu es sur la bonne voie! Le développement personnel a pris de plus en plus de place dans la vie de nombreuses personnes ces dernières années. Dans la tienne aussi? **Quelle femme n'a pas envie d'apprendre à se connaître réellement pour se sentir plus alignée avec elle-même et heureuse dans sa vie?**

Il n'est jamais trop tard pour s'y mettre, et il existe une multitude de façons de le faire! Justement, ce guide que tu viens d'ouvrir (un beau hasard, pas vrai? ☺) est un outil interactif grâce auquel nous allons explorer, ensemble, trois thématiques qui t'aideront à (re)prendre le pouvoir sur plusieurs aspects de ta vie:

- **Tes pensées**: il s'agit d'apprendre à te connaître vraiment, à dépasser tes croyances limitantes pour avancer, à (re)prendre confiance en toi.
- **La perception de ton corps**: sans que tu t'en rendes forcément toujours compte, elle est grandement conditionnée par le patriarcat. En réalité tu as un corps aussi beau que la magnifique personne que tu es à l'intérieur! Il fait énormément pour toi au quotidien, et ne mérite que d'être célébré.
- **Tes relations avec les autres**, car elles ont une grande importance dans ton accession au bonheur: elles peuvent aussi bien te faire décoller que te tirer vers le bas. Que dirais-tu d'apprendre à déterminer si ton entourage vibre au même niveau que toi? À poser tes limites et mettre un terme à des situations qui te desservent, pour préserver ton bien-être et ton authenticité?

Tu trouveras dans ce livre des techniques et conseils efficaces et simples à mettre en place, des illustrations colorées et motivantes, ainsi que des citations inspirantes ! N'hésite pas à écrire directement dedans pour compléter les exercices et répondre aux questions posées. Et si cela te semble un peu blasphématoire d'écrire dans un livre, comme à beaucoup d'entre nous, tu peux te munir d'un petit carnet que tu compléteras au fil de ta lecture. Je te conseille d'ailleurs de toujours en garder un sur toi, pour y noter toutes tes idées, et ainsi pouvoir maintenir ton esprit le plus clair possible.

Réveille la badass qui sommeille en toi ! Réalise-toi pleinement et trouve le bonheur dans tous les aspects de ton existence, grâce à ce guide qui pourra te suivre partout, au quotidien. Ta plus grande histoire d'amour, c'est toi !

Ta lumière intérieure ne demande qu'à briller.

... Tu es prête ?

REPRENDS LE POUVOIR SUR TES PENSÉES

Pratique la conscience de toi-même

La conscience de soi est la capacité que l'on a de percevoir sa propre existence, ses pensées, ses émotions, ses actions. Et de réfléchir à propos d'elles : c'est faire de l'introspection, une analyse de soi, pour faire en sorte de mieux comprendre son identité, ses valeurs et ses motivations. Elle peut aussi être liée à la façon dont on se perçoit par rapport aux autres, en intégrant leurs opinions et leurs attentes pour adapter son comportement.

Pratiquer la conscience de soi, en essayant de mettre les influences extérieures de côté, est important pour mieux te comprendre toi-même. Elle a de nombreux avantages, puisque te connaître vraiment, savoir qui tu es au fond de toi, est essentiel pour déterminer où tu veux aller et ce que tu es prête ou non à accepter !

Tu vas plus facilement pouvoir être dans une dynamique d'amélioration de toi-même. Non pas que tu ne sois pas bien comme tu es, bien au contraire ! Prends-le plutôt comme un plus pour renouer avec toi-même et t'épanouir. En la pratiquant, tu vas pouvoir devenir maîtresse de tes émotions pour ne plus les subir autant qu'avant (on l'appelle aussi intelligence émotionnelle), tu vas pouvoir avoir conscience de tes qualités — et les faire fructifier —, et des défauts — qui peuvent parfois t'entraver — pour en tirer le meilleur.

Tu seras également en mesure de développer de meilleures relations sociales et interpersonnelles grâce à l'empathie, puisque tu auras plus de facilités à te mettre à la place des autres. Tu te tourneras plus instinctivement vers ce qui est bon pour toi, tu choisiras avec plus d'attention les personnes que tu laisses entrer ou rester dans ton cercle pour nouer des relations encore plus saines et durables.

La conscience de soi agit aussi comme un indicateur. C'est un peu comme un ami qui nous veut du bien. C'est-à-dire qu'en la pratiquant, nous sommes par la suite plus ouverts aux signes que notre corps ou notre esprit nous envoie. Par exemple si on se sent très anxieuse, cela peut vouloir dire qu'on a trop ignoré nos signaux internes. On peut par exemple se demander si la situation dans laquelle on est à l'instant T nous apporte réellement la joie que l'on imaginait, ou si on est plutôt arrivée là à la suite d'une multitude d'influences extérieures, qui ont fini par nous faire croire que c'était ce qu'on voulait alors qu'au fond de nous la réponse est non.

Alors, tu vas me dire : « C'est bien beau tout ça, mais comment on fait ? »

J'allais justement y arriver ! C'est simple : tu vas prendre le temps de t'observer et d'identifier tes pensées, tes qualités, tes forces, tes compétences, tes motivations, tes croyances et tes valeurs. Sans te juger.

L'absence de jugement est primordiale, car il s'agit là d'un état des lieux, pour trouver la base de qui tu es. Le but n'est pas de condamner des aspects de ta personnalité, juste de tout mettre en lumière. Si tu souhaites par la suite travailler sur certains points, libre à toi. Mais chaque chose en son temps...

Voyons tout d'abord de quelle façon tu peux mener cette réflexion sur toi-même.

LE DIALOGUE INTÉRIEUR

Et si tu commençais par te prêter à un petit exercice tout simple ?

Isole-toi dans un endroit calme, assieds-toi confortablement et... lance une discussion entre toi et toi : un peu comme dans les dessins animés avec un ange et un démon sur chaque épaule. Ici, le démon n'en est pas vraiment un : il représente ton ***toi* critique**. Quant à l'ange, il tient le rôle de ton ***toi* bienveillant**.

Les deux *toi* débattent des sujets de ton choix. Chacun avance des arguments, et ces arguments émergents te permettent de repérer différents aspects de ta personnalité.

Ils vont t'aider à mieux te cerner, te comprendre.

Voici un exemple sur la thématique de la réussite, abordée dans l'illustration de la page précédente.

L'ange, représente notre côté bienveillant envers nous-même. Celui qui remarque les efforts et les réalisations. Il est fier du chemin parcouru, fier que le fait de s'être accroché ait fini par payer. Il est encourageant et heureux. On a donc en nous cette partie qui est consciente de notre succès et qui reconnaît que l'on a géré comme une boss malgré les difficultés que l'on a pu rencontrer. Cela démontre une réelle détermination ainsi que la capacité à voir le positif. Il faut chérir ces qualités et chercher à les faire évoluer davantage.

Le démon, en revanche, représente notre part critique et fait ressortir un manque de confiance en nos capacités, un début de syndrome de l'imposteur, et le stress de ne pas être à la hauteur des attentes des autres. Cette autre partie ne peut s'empêcher de se demander si ce qui nous arrive est vraiment mérité et si on est réellement douée. Cela peut découler d'un problème d'estime de soi, qui nous empêche de nous célébrer, alors même qu'on est arrivé à mener un projet à terme avec brio. On peut donc travailler sur le fait d'accepter que l'on n'est pas parfait, que personne ne l'est d'ailleurs, mais qu'on fait de notre mieux avec les moyens qui sont à notre disposition, et que, finalement cela suffit quand même pour réussir. La preuve.

L'INTROSPECTION

Quelle différence entre dialogue intérieur et introspection ? Le dialogue intérieur désigne la communication intérieure avec soi-même, ses pensées. C'est une composante de l'introspection. Cette dernière est un exercice plus général d'observation de soi. Pour réaliser une introspection, autrement dit observer, identifier tes émotions et tes motivations, je t'invite également à t'installer dans un endroit tranquille, propice à la réflexion.

Commence par te poser des questions telles que :

- Comment est-ce que je me sens en ce moment ?
- Quelles sont les dernières émotions fortes que j'ai ressenties ?
- Dans quelles circonstances ?
- Qu'est-ce qui en a découlé ?

Petit à petit, tu iras plus loin dans ton processus de réflexion, et cela te conduira à mettre le doigt sur des ressentis et des émotions que tu n'avais peut-être pas encore clairement identifiés. Voilà qui t'aidera à répondre à des interrogations que tu pourrais avoir sur toi-même ou à des sensations qui te laissaient dans le flou jusqu'à présent.

L'analyse SWOT

Quelles sont tes forces et tes faiblesses ?

Au-delà du fait, bien sûr, que tu es belle, intelligente, impressionnante, que tes seuls péchés mignons sont le chocolat et les vidéos de petits chats. Et encore la liste de tes qualités est loin d'être exhaustive. ☺

On aimerait toutes les deux se contenter de cette description, n'est-ce pas ? Pourtant, il est bon de creuser un peu plus profond.

Pour ce faire, je te propose une adaptation de l'analyse SWOT, un outil qui sert généralement à évaluer les performances des entreprises, mais que l'on peut très bien employer pour mettre en lumière nos atouts et nos insuffisances humaines (rien ne se perd, tout se réutilise !).

SWOT, kézako ?

Les lettres de cet acronyme anglais désignent les quatre paramètres que cette analyse explore :

- *Strengths* : les forces.
- *Weaknesses* : les faiblesses.
- *Opportunities* : les occasions à saisir.
- *Threats* : les menaces.

La création de cette méthode qui permet d'établir un diagnostic stratégique est attribuée à l'Américain Albert Humphrey, consultant en gestion du siècle dernier, et à son équipe du Stanford Research Institute (devenu le SRI International).

En ce qui nous concerne aujourd'hui, je t'invite à compléter le tableau ci-après en vue de repérer :

- À l'intérieur de toi, tes points forts et ceux sur lesquels il te faut travailler.
- Autour de toi, les occasions qui peuvent se présenter et les obstacles que tu peux avoir à surmonter.

J'ai commencé à le remplir en traitant l'exemple du développement personnel pour t'aiguiller, mais tu peux bien-sûr traiter la thématique de ton choix. Maintenant, à toi de jouer !

FORCES	FAIBLESSES
Je m'adapte facilement	Je me laisse trop submerger par mes émotions
....	....
....	....
....	....
....	....
....	....
....	....
OPPORTUNITÉS	**MENACES**
Je participe à plusieurs ateliers de développement personnel pour apprendre à mieux me connaître	Je dois trouver un moyen de libérer du temps dans mon quotidien pour mener à bien cette quête de soi
....	....
....	....
....	....
....	....
....	....
....	....

Si tu sèches pour certaines cases, n'hésite pas à solliciter l'avis de tes proches. Il s'agit certes là d'un travail intérieur, qui doit se faire avec la plus grande honnêteté possible, mais rien ne t'empêche d'accueillir leurs idées en toute objectivité, pour décider ensuite de les insérer ou non dans ton tableau.

Dépasse tes croyances limitantes pour avancer

- « Jamais je ne réussirai. »
- « Je ne suis pas assez belle pour que quelqu'un m'aime. »
- « Je ne mérite pas ce bonheur. »
- « Je suis trop vieille pour me lancer dans ce nouveau projet. »
- « Je n'ai pas le temps. »

Quel est le point commun entre ces énoncés ?

Ce sont des croyances limitantes.

Si en lisant cette dernière phrase tu t'es dit « Mais c'est quoi ça ? », une petite définition est de rigueur. Une croyance limitante est donc une croyance, qui est souvent fondée sur une fausse idée, qui nous freine et nous empêche de nous accomplir pleinement.

Je t'ai mis quelques exemples de croyances limitantes ci-dessus, mais nous pourrions chacune en citer des dizaines, car nous y avons toutes fait face au moins une fois dans notre vie. Ces pensées peuvent être profondément ancrées en nous. Elles empêchent énormément de gens d'atteindre leur plein potentiel.

En général, elles proviennent de notre **passé**, de notre **entourage**, et même de la **société**.

LE PASSÉ ET L'ENTOURAGE

En effet, si l'on grandit en entendant qu'on ne pourra arriver à rien dans la vie, qu'on n'est pas assez bien pour réussir, pour être aimée… on peut finir par le croire et se limiter dans ses projets ! On peut accepter ces données machinalement, sans les remettre en question, simplement parce qu'on y a été habituée dès l'enfance.

Dans son livre *Choisir sa vie*[1], Tal Ben-Shahar, mondialement célèbre pour ses « cours de bonheur » à Harvard, cite le Dr Jeffrey Schwartz et ses collègues de l'université de Californie-Los Angeles (UCLA). Ces chercheurs en psychiatrie ont créé un programme d'intervention visant à aider des personnes à bannir de leur cerveau les messages négatifs.

> “ Ils prennent l'exemple de Sarah, qui avait intériorisé la croyance que, pour être aimée et acceptée, il fallait qu'elle soit parfaite, tout en faisant constamment passer l'intérêt des autres avant le sien.
>
> Cette croyance était fausse et déformée, mais elle l'avait tellement faite sienne que pour elle il s'agissait de la réalité.
>
> Sarah était obsédée par les moindres mots et gestes de ses proches, dont elle se servait pour détecter si elle était appréciée ou non.
>
> Bien sûr, en parallèle, son estime d'elle-même était très basse, et elle se sentait déprimée (c'est que ça demande beaucoup d'efforts, de se soucier sans cesse de ce que pensent les autres !).
>
> Sarah a donc dû travailler sur elle-même pour changer son système de pensée, pour se sentir plus libre, apaisée, et alignée avec elle-même. ”

Nous verrons un peu plus loin comment faire ce travail, si tu te trouves une certaine ressemblance avec Sarah.

1. Ben-Shahar, Tal, *Choisir sa vie. Apprendre à saisir sa chance*, Paris, Pocket, coll. « Évolution », 2017.

La société

Les croyances limitantes peuvent aussi provenir de la société elle-même. Elles sont véhiculées par les relations entre humains telles qu'elles y ont cours, par les pratiques entrepreneuriales et salariales, mais aussi par le cinéma, la publicité, par les médias, les réseaux sociaux...

Le schéma patriarcal en est un exemple frappant. On ne s'en rend pas toujours compte, mais la majorité des femmes que nous sommes avons été conditionnées dès notre plus jeune âge à devoir être douces, mignonnes, à ne pas prendre trop de place, ou encore à ne pas exposer nos idées avec trop de conviction pour ne pas déranger. Et en grandissant, les injonctions qui nous empêchent de nous révéler complètement ont la peau dure. On attend de nous que nous soyons à la fois des femmes aimantes et des mères dévouées, au top physiquement et mentalement, que nous prenions soin de tout le monde en étouffant finalement un peu la personne que l'on est réellement, car on n'a pas l'opportunité de prendre complètement notre place. On nous a davantage appris à être la personne que les autres attendent qu'on soit, qu'à exister par nous-mêmes, selon nos règles et nos envies, ce qui fait qu'on a un paquet de croyances limitantes intériorisées qui nous font douter de nous-mêmes.

Combien de femmes s'empêchent de faire certaines choses en ayant des pensées comme « Je vaux moins depuis que j'ai pris du poids », « Je n'ai aucune chance, il n'y a que des hommes à ce type de poste » ?... Pour autant, les hommes aussi sont victimes de certaines croyances : « Il faut que je me montre tout le temps fort et que je réussisse », « Je ne dois pas montrer mes émotions, ça ne fait pas viril »...

Ce mode de pensée est tellement ancré dans la société qu'il faudra un certain temps avant que la majorité des individus qui la composent s'en libèrent.

Cependant, les choses évoluent, et de plus en plus de personnes décident d'orienter leur réflexion sur le fait de déconstruire pour mieux construire, de faire un doigt du milieu (c'est joliment dit, non ?) à tout ça pour se concentrer sur qui ils sont réellement, et qui ils ont envie d'être.

Et ça, c'est génial !

Dans tous les cas, les croyances limitantes nous maintiennent dans notre zone de confort et nous font douter de nous : nous avons peur d'entreprendre la moindre action, la jugeant d'avance vouée à l'échec. Elles peuvent nous faire manquer de belles occasions !

Si tu y es sujette, rappelle-toi ceci :

Le doute détruit beaucoup plus de rêves que l'échec.

LA RESTRUCTURATION COGNITIVE

Pour te libérer de croyances limitantes, tu peux pratiquer la restructuration cognitive. Cette méthode a été inventée par Aaron Beck, psychiatre américain. C'est une stratégie qui aide à identifier les pensées négatives et fausses et à les remplacer par des pensées plus réalistes et positives. Car quand tu as des pensées comme « Je vais échouer, ça ne sert à rien d'essayer » ou « Je ne mérite pas ce bonheur », oui, ça a une dimension irréaliste.

Pourquoi ça ne fonctionnerait pas pour toi ? Pourquoi te focalises-tu sur cette petite chance que tu as d'échouer ? (D'ailleurs, je trouve que la notion d'échec est encore trop connotée négativement, car, lorsqu'on échoue, on apprend forcément quelque chose, donc finalement on sort quand même gagnant. À bien y regarder, il y a beaucoup plus de chances que tu réussisses !

Tu laisses la peur te paralyser en élaborant trop de scénarios catastrophes. Mais si tout se passait bien, et même au-delà de tes espérances ? Si tu fais le maximum pour réussir, il n'y a pas de raisons qu'il en soit autrement !

Personnellement, c'est avec du temps et de l'entraînement que j'arrive de mieux en mieux à m'en sortir sur ce sujet. Pendant longtemps, j'ai eu tendance à me demander pourquoi les choses fonctionneraient spécifiquement pour moi ? On est tellement sur Terre, alors pourquoi ce serait moi qui réussirais ? Jusqu'au moment où j'en ai eu marre de rester dans l'inaction à cause du manque de confiance en moi. Je voyais des gens différents réussir, dans plein de domaines différents. Alors je me suis dit que je ne changerais peut-être pas la face du monde, mais qu'au moins je pouvais bouleverser mon propre monde, ma vie à moi.

Je vois trop de personnes, même dans mon entourage, subir leur vie, leur travail, leur situation quotidienne. Et, finalement, c'est aussi ça qui m'a donné l'envie de ne pas me retrouver dans ce type de situation. La vie est trop précieuse pour être gaspillée à hésiter. Donc mon nouveau crédo depuis quelques années c'est « Tente ! ». Si à la suite de ça je réussis, ça fait une ligne de plus à ajouter dans la liste de mes victoires personnelles, et je me sentirai fière d'avoir cru en moi.

Comme écrire ce livre par exemple. Si, il n'y a encore rien que deux ans, on m'avait dit que j'allais me lancer dans ce projet, je ne l'aurais pas cru. Et finalement qui ajoute la corde « autrice » à son arc ? C'est bibi ! Et puis même si parfois j'échoue, j'ai appris à lâcher prise, car j'adore le fait d'être dans un processus de création dans lequel j'apprends plein de choses. C'est ce qui me fait le plus me sentir en vie, et je suis reconnaissante de pouvoir être en mesure de réaliser toutes ces expériences.

Tout ça pour dire que toi aussi tu mérites le bonheur. Tu ne le vois pas toujours, mais tu as beaucoup de qualités. Tu as le droit de recevoir à ton tour le bien-être que tu donnes toi-même aux gens qui t'entourent. Tu ne vaux pas moins que les autres, il est temps de reconnaître tes qualités et de donner sa chance à la personne merveilleuse que tu es !

> Ce qui trouble les hommes, ce ne sont pas les choses, mais les jugements qu'ils portent sur ces choses.
>
> Épictète

LES ÉTAPES D'UNE RECONSTRUCTION COGNITIVE

1. **Identifie ta croyance limitante :** J'ai donné quelques exemples, plus haut, mais il en existe énormément.
2. **Évalue la crédibilité de cette croyance :** Est-ce qu'elle est fondée sur une preuve solide et réaliste ? Ou est-ce que des éléments la contredisent ?
3. **Recherche une alternative :** Par quelle pensée plus positive ta croyance pourrait-elle être remplacée ?

4. **Remplace la croyance limitante :** Répète régulièrement cette pensée positive pour la renforcer dans ton esprit, pour qu'elle devienne ta nouvelle pensée « réflexe ».

Tu peux procéder ainsi avec autant de croyances limitantes que tu le souhaites.
Le but est de remodeler ton esprit, d'atteindre un état plus positif.
Cela t'aidera à moins douter de toi et de tes capacités.
Tu verras rapidement tout ce que tu peux accomplir grâce à ce nouveau mode de pensée !

Opération transformation !

Voici un tableau avec quelques exemples de croyances limitantes et de pensées positives par lesquelles les remplacer.

Croyance limitante	Pensée positive
Je ne peux pas faire ça	*Je vais m'entraîner à le faire pour m'améliorer*
J'abandonne, ça ne fonctionne pas	*Je vais essayer une autre stratégie*
J'ai échoué	*Les erreurs m'aident à progresser*
J'envie telle personne	*Je vais tenter de savoir comment elle a fait pour arriver là où elle en est, de façon éventuellement à m'inspirer de son parcours*
J'ai trop peur d'essayer	*Je découpe le travail en petites tâches pour déterminer par où je pourrais commencer, et je progresse étape par étape*

Maintenant, à toi de jouer, en fonction de ta personnalité et de tes besoins, avec tes propres idées !

CROYANCE LIMITANTE	PENSÉE POSITIVE

Le poids des mots

Je t'invite également, dans ta vie quotidienne, à rendre ton vocabulaire plus positif, à adopter des expressions propres à te faire (re)prendre confiance en toi et à te permettre de révéler ton potentiel plus facilement :

- « Je peux » : faire ce que je veux, obtenir ce que je souhaite.
- « Oui » : je peux tout faire.
- « J'attire le positif » : cela pose une intention (il s'agit d'un vœu, d'un objectif positif, d'une déclaration de ce que tu souhaites voir se manifester ou réaliser).
- « Tout est possible » : je peux devenir la personne que je souhaite être.
- « Je m'aime » : car il est temps de t'aimer toi-même et de t'apprécier à ta juste valeur !

Lâche prise sur toi-même

Le seul pouvoir qu'une situation a sur toi réside dans ce que tu veux en tirer. Lorsque tu transformes ta perception intérieure, le monde autour de toi change.

On entend souvent dire qu'il faut apprendre à « lâcher prise ». Mais sait-on réellement en quoi lâcher prise consiste ? Et qui s'est déjà apaisé après avoir simplement entendu ces fameuses phrases : « Détends-toi », « Arrête de vouloir tout contrôler » ?... Personne. Ces formules ont même tendance à produire l'effet inverse. S'il était si facile de lâcher prise, en un claquement de doigts, ça se saurait. Ce concept est plus à comprendre comme un état d'esprit à adopter.

Repartons donc de la base : le lâcher-prise, c'est la capacité émotionnelle à se détacher des situations, des résultats ou des pensées auxquels on est attachée. C'est une pratique qui permet de relâcher son contrôle, de prendre les choses moins à cœur, moins personnellement. De faire confiance à la vie en acceptant ce qui arrive sans trop y opposer de résistance. Cette pratique a pour but de nous libérer du stress et de l'anxiété que nous pouvons ressentir au quotidien ou face à certaines situations.

C'EST L'EGO QUI POSE PROBLÈME

Le lâcher-prise est particulièrement lié à l'ego.

Ces deux notions sont souvent étudiées ensemble en psychologie et dans le domaine du développement personnel, car réussir à lâcher prise consiste surtout à faire taire son ego, à lui donner moins de pouvoir.

L'ego, c'est la représentation que l'on a de soi-même, la connaissance de soi, le fameux *moi* associé au *ça* et au *surmoi* de Freud (je remonte un peu loin dans les programmes scolaires, *sorry*!). Ce n'est pas pour rien que, traduit du latin, *ego*, c'est « je ».

L'ego d'une personne est formé par ses croyances, ses expériences, sa personnalité, son rapport aux autres et la façon dont elle est perçue. En effet, les autres ont une grande place dans la construction et l'évolution de l'ego, puisque, lorsque l'on naît, on n'est pas capable de juger le monde autour de soi. On a notre personnalité originelle mais, plus le temps passe, plus on se fait influencer dans notre développement par les interactions avec notre environnement, de façon consciente ou non.

Plus on prend de l'âge, plus cet ego s'ancre en nous. Combien de fois entend-on « Tu ne pourras plus le changer à son âge », ou « Je n'y peux rien, je suis comme ça » ? C'est en fait l'ego qui a façonné la plupart des traits de personnalité, des réactions aux événements extérieurs.

Par exemple, si dans ton enfance on t'a habituée à te taire devant les adultes, en grandissant tu peux avoir un manque de confiance en toi, être un peu effacée, fuyante. Si tu as vécu une expérience d'abandon, tu seras plus sujette à la dépendance affective. Si tu as eu le sentiment d'un manque de reconnaissance, tu auras plus tendance à te donner à fond dans ton travail, à essayer de te démarquer et de réussir à tout prix, pour voir de la fierté dans les yeux de tes proches. Mais cela peut t'amener à une frustration permanente qui risque de te rendre malheureuse, et provoquer un manque d'estime envers toi-même.

Le besoin d'appartenance et de reconnaissance contrôle souvent l'ego. **On a du mal à lâcher prise parce qu'au fond on a peur d'échouer en n'étant plus dans le contrôle total.** On a peur de décevoir, de ne plus être appréciée, de perdre ce qu'on a acquis. On essaie de tout anticiper et, finalement, on ne profite pas vraiment de l'instant présent, étant trop occupée à envisager le pire.

Pour la faire plus simple :

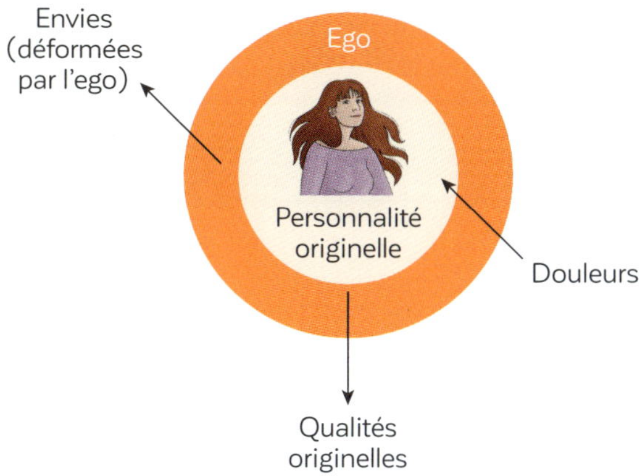

Si tu as envie de creuser ce sujet, je te conseille ce livre de la Québécoise Lise Bourbeau : *Les 5 blessures qui empêchent d'être soi-même*[1]. **En te rendant compte que ton ego peut te contrôler, tu peux espérer t'en détacher et arriver à lâcher prise pour te sentir plus sereine et épanouie.**

Comme le souligne le conférencier canadien Eckhart Tolle dans son ouvrage *Le Pouvoir du moment présent*[2], pour certaines personnes, l'expression « lâcher prise » peut être connotée négativement, car elle renverrait au renoncement, à l'incapacité d'être à la hauteur des défis de la vie, etc.

1. Bourbeau, Lise, *Les 5 blessures qui empêchent d'être soi-même*, Paris, Pocket, 2013.
2. Tolle, Eckhart, *Le Pouvoir du moment présent. Guide d'éveil spirituel*, Paris, J'ai lu, coll. « Bien-être », 2010.

Cependant, le véritable détachement est quelque chose de totalement différent. Cela ne veut pas dire qu'on doit endurer une situation sans rien tenter pour améliorer les choses. Il ne s'agit pas de se résigner ni d'abandonner. Le lâcher-prise, c'est simplement se laisser transporter par le courant de la vie au lieu d'y résister. C'est un moyen de se sentir apaisée en se rendant enfin compte qu'on ne peut pas tout contrôler.

Et tu sais quoi ? C'est OK de ne pas tout contrôler. Au contraire, une fois qu'on a dépassé le sentiment de résistance, le fait de lâcher prise aide à y voir plus clair. On devient plus rationnelle, et donc apte à prendre de bonnes décisions.

Exemple : Ça, c'est fait ; la suite, tu ne la contrôles pas…

Tu sors d'un entretien d'embauche pour un poste qui te plaît. Le recruteur t'a dit que tu recevrais une réponse d'ici une semaine. Tu es impatiente de savoir si tu as réussi ou pas… et tu te mets à stresser.

Dans cette situation, lâcher prise, c'est te dire que tu as fait de ton mieux : tu t'es bien préparée, tu as donné les réponses que tu jugeais bonnes. La décision finale est hors de ton contrôle. Tu ne peux rien faire de plus, alors ne t'inquiète pas, utilise ce temps d'attente pour te concentrer sur d'autres aspects de ta vie.

Le lâcher-prise enseigne la résilience : on apprend à faire confiance à la vie et à son processus.

“ *Instant racontage de vie (en rapport avec le sujet, je te rassure).*

Avant, j'étais une grande stressée.

D'aussi loin que je me souvienne, mes professeurs, de la primaire au lycée, disaient de moi que j'étais anxieuse. C'est le mot qui revenait le plus lors de mes évaluations. Sérieuse, appliquée, mais anxieuse.

Ils m'ont toujours dit que je devais lâcher du lest et me faire un peu plus confiance, car j'avais les capacités pour réussir.

Mais moi, j'en voulais toujours plus, et je me mettais la pression sans m'en rendre compte.

Une des leçons que la vie m'a apprises, quand j'ai grandi, c'est que lorsque je n'ai pas ce que je veux à l'instant T, quelque chose de meilleur vient ensuite à moi.

C'est en remarquant ce phénomène que j'ai vraiment appris à lâcher prise au fil du temps. Et ç'a été tellement libérateur ! Comme si ma bulle d'angoisse s'évaporait à la manière d'un nuage pour laisser la place à la sérénité et à l'instant présent.

Car quand on angoisse, on passe son temps à élaborer des hypothèses... qui se révèlent souvent fausses par la suite ! »

Sérieusement, combien de temps perd-on à penser à ce qui pourrait arriver, alors qu'on n'a aucun contrôle là-dessus ? C'est un processus vraiment prenant et fatigant au quotidien. C'est comme une charge mentale, qui finalement n'apporte rien. Au contraire, cela maintient dans un sentiment d'anxiété permanent.

Si tu as cette tendance, je te conseille de te reconvertir en tant que scénariste à Hollywood. Au moins, ça te servira, ça te fera gagner des sous.

« Bref, tout ça pour dire que, quand je n'ai pas eu le job que je convoitais, j'en ai finalement décroché un autre qui me correspondait beaucoup plus.

Quand je n'ai pas eu de tickets pour faire l'activité que je voulais, on m'a proposé autre chose et j'ai passé un magnifique moment.

Quand je souhaitais me rapprocher d'une personne que j'estimais, la vie a mis sur mon chemin d'autres personnes qui m'ont apporté bien davantage.

Il y a de quoi être heureuse de ces occasions manquées, car ces situations que tu ne prévois pas et qui t'éloignent de tes plans initiaux t'obligent à t'adapter au changement et t'ouvrent d'autres portes, d'autres opportunités. Tu tires du positif d'une position que tu pensais au départ être décevante. »

La flexibilité mentale et émotionnelle est bénéfique pour notre bien-être global.

PENSE-BÊTE : Ce qui est contrôlable et ce qui ne l'est pas

Pour t'aiguiller dans ton processus de lâcher-prise, voici un petit schéma qui met en évidence ce que tu peux contrôler et ce que tu ne peux pas contrôler. Personnellement, il m'a beaucoup aidée, c'est pourquoi je tiens à t'en faire profiter.

Chaque fois que tu auras tendance à stresser, reviens à ce schéma. Il t'aidera à te montrer résiliente.

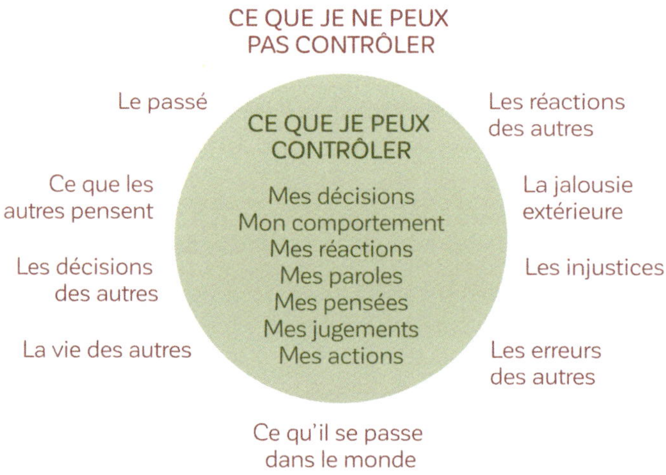

EXERCICE Laisser brûler les p'tits papiers

Prends plusieurs morceaux de papier. Sur chacun, écris des choses que tu veux lâcher, qu'il s'agisse de pensées, d'émotions, ou d'une situation. Allume ensuite une bougie et brûle les papiers un par un...

Visualise ces pensées et préoccupations en train de partir, de disparaître en fumée en même temps que les papiers. (Attention tout de même à ne pas mettre le feu à ta maison, brûle tes petits papiers dans un évier, en toute sécurité !)

Ne pas tout maîtriser ne met pas pour autant notre vie hors de contrôle. On la mène toujours comme on le souhaite. On accepte simplement le fait d'avoir des limites, de ne pas pouvoir porter tout le poids du monde sur nos épaules.

Admets que tu peux aussi être heureuse en lâchant du lest ! Un peu pour commencer, puis de plus en plus à force de pratiquer le lâcher-prise...

Tu verras, tu te sentiras beaucoup plus sereine au quotidien !

Travaille ta confiance en toi et ton estime de toi

Notons d'abord la différence entre la confiance en soi et l'estime de soi.

L'estime de soi est le jugement de valeur qu'on va se porter. C'est un mécanisme très enraciné qui découle de nos expériences de vie, de nos relations avec les autres, et des influences que l'on a reçues tout au long de notre existence.

La confiance en soi est plus tournée vers le fait de croire en ses capacités. On peut penser qu'on sera capable d'atteindre un objectif spécifique par exemple, ou alors de surmonter une situation particulière.

Même si elles diffèrent légèrement, l'estime et la confiance de soi restent assez similaires, et peuvent s'influencer mutuellement. Si tu as une bonne estime de toi-même, que tu te sens aimée et soutenue au quotidien, tu auras plus tendance à avoir confiance en toi et en tes capacités. Si tu étais confiante sur le fait que tu allais réussir un projet et qu'effectivement tu le réussis, tu peux ressentir plus d'estime de toi-même, car tu auras eu la preuve que tes compétences ont été reconnues, et donc cela renforcera ton sentiment de valeur.

Il est donc mieux de les faire travailler ensemble, car elles agissent comme un cercle vertueux bénéfique à notre bien-être émotionnel. Croire en son potentiel et en ses capacités est important. Reconnaître sa valeur, c'est se donner les moyens de saisir des chances qui se présentent, d'avancer en se sentant en phase avec soi-même, d'être plus heureuse et plus épanouie.

Mais c'est plus facile à dire qu'à faire, n'est-ce pas ?

QUEL EST TON DEGRÉ DE CONFIANCE/ESTIME DE TOI ?

Le fait de savoir où l'on en est permet de mieux cibler ses besoins et d'adapter ses actions en conséquence.

Je te propose donc de commencer par un petit état des lieux : réponds aux questions du test qui suit et entoure le symbole correspondant.

À toi de jouer, c'est parti !

TEST

1. Tu discutes avec quelqu'un. Cette personne affirme quelque chose, tandis que tu es absolument sûre du contraire. Que fais-tu ?
   - ✹ Tu la reprends en essayant de lui prouver qu'elle a tort.
   - ★ Tu lui dis que tu n'es pas d'accord, sans t'étendre, en essayant de passer à un autre sujet.
   - ◆ Tu ne dis rien et te demandes si finalement ce ne serait pas elle qui aurait raison.

2. Une collègue que tu vois souvent en train de se la couler douce te demande si tu peux lui rendre le service de te charger d'une tâche à sa place.
   - ✹ Tu lui réponds que tu as déjà tes tâches à assumer et qu'elle est la plus à même de gérer son propre projet.
   - ★ Tu lui dis que tu aimerais bien l'aider mais que tu ne sais pas si tu pourras.
   - ◆ Tu acceptes même si ça ne t'arrange pas, car tu ne veux pas t'attirer d'éventuelles remarques.

3. Tu es avec des amies. Celles-ci veulent absolument voir le dernier film d'horreur au cinéma. Problème : tu détestes ça, et elles le savent.
   - ✹ Tu leur rappelles que tu n'aimes pas ce genre de film et leur dis que tu passes ton tour pour cette fois si elles tiennent à voir celui-là.
   - ★ Tu inventes une excuse pour ne pas avoir à y aller.
   - ◆ Tu y vas quand même, pour ne pas rester toute seule, en te disant que ce n'est qu'un mauvais moment à passer.

4. Quelle image as-tu de toi-même ?
   - ✹ Tu te trouves géniale, pleine de qualités.
   - ★ Tu trouves que tu n'es pas mal dans l'ensemble, même s'il y a des choses qui pourraient être améliorées.
   - ◆ Tu ne te trouves pas au top.

5. Une amie t'a organisé un anniversaire surprise...
   - ✹ Tu es super contente et tu le montres.
   - ★ Tu es contente, quoiqu'un peu gênée
   - ◆ Tu ne sais plus où te mettre, tu détestes être au centre de l'attention.

6. Tu participes à une émission télévisée. Tu n'as plus qu'une seule question à laquelle répondre pour empocher un joli pactole. Tu te dis que :
   - ✹ Tu vas y répondre sans problème, à toi les pépettes !
   - ★ Tu vas faire de ton mieux, mais c'est un peu compliqué.
   - ◆ Tu ne vas jamais y arriver, tu ne réussis jamais rien de toute façon.

7. Au travail, on te propose de te positionner pour un poste qui est un peu au-dessus de tes compétences actuelles. Tu te dis que :
   - ✹ Si on te le propose, c'est que tu peux y arriver : tu postules !
   - ★ Tu ne sais pas si tu seras la meilleure personne, tu hésites à postuler.
   - ◆ Quelqu'un repérera rapidement que tu n'es pas tout à fait assez qualifiée, tu préfères ne pas prendre de risque et rester là où tu es.

8. Quelqu'un te fait un compliment sur une de tes compétences. Comment le prends-tu ?
   - ✹ Tu le prends bien et tu es contente qu'on l'ait remarquée.
   - ★ Tu es contente qu'on te fasse un compliment, mais tu préfères passer rapidement à autre chose.
   - ◆ Tu dis merci, mais tu penses que la personne exagère. Tu ne prends pas le compliment en considération.

9. Tu as besoin qu'on te rende service :
   - ✹ Les proches, c'est fait pour ça : tu les appelles.
   - ★ Tu essaies d'abord de trouver une solution par toi-même, tu les appelles en dernier recours.
   - ◆ Tu ne veux embêter personne, tu vas essayer de te débrouiller seule, même en sachant que tu vas galérer.

10. Les difficultés que la vie peut mettre sur ton chemin, tu trouves ça :
- ☀ Challengeant.
- ★ Inquiétant.
- ◆ Décourageant.

Résultats

Tu as un maximum de ☀ :

You go, girl! Tu connais ta valeur et tu n'as pas honte de le montrer ! Tu te trouves dans l'ensemble plutôt jolie, intelligente, et pleine de qualités. Tu es solaire, ta confiance en toi irradie, et certaines personnes autour de toi t'admirent pour ça (même celles qui ne le disent pas, mais qui continuent à t'observer !).

Tu as un maximum de ★ :

Tu n'as pas tout à fait confiance en toi, mais tu travailles à progresser sur ce point. Tu reviens peut-être de loin et tu en es consciente. Malgré tout, tu essaies d'inverser la tendance. Rien que pour ça, bravo ! Le fait de prendre conscience du problème est déjà un grand pas. Continue, tu es sur la bonne voie, ce sera de plus en plus facile avec le temps.

Tu as un maximum de ◆ :

Tu as peur de dire non, de poser des limites, ou de t'affirmer de façon efficace, par peur du conflit ou du rejet. Tu fais plus confiance au jugement des autres qu'au tien. Tu as tendance à te saboter en ne sautant pas sur certaines occasions qui se présentent, par peur d'échouer. D'ailleurs, le syndrome de l'imposteur et toi, vous ne faites qu'un. Tu penses que tu ne mérites pas les choses positives qui peuvent arriver, tu ne vois que tes défauts (ou du moins ceux dont tu t'es convaincue de l'existence).

La confiance en soi n'est pas forcément facile à acquérir, et le cheminement pour y arriver n'est pas linéaire. On ne se réveille pas un matin en voyant tout différemment. Il faut entraîner son cerveau. Vois-la un peu comme un petit toutou de compétition : à force de l'exercer, tout devient plus facile, vous pouvez passer au niveau supérieur, et carrément finir par gagner la médaille d'or !

D'ailleurs, les personnes qui ont confiance en elles ont aussi des coups de mou. Il y a des jours avec et des jours sans. Pourquoi ? Tout simplement parce qu'on est humaines, et qu'on ne peut pas être toujours au top du top. L'important, c'est de continuer à travailler sur cette confiance en soi, pour qu'elle devienne un automatisme, dans le but de se sentir toujours mieux dans sa peau.

C'est ce que nous allons faire ensemble.

Quelle est l'origine de ton manque de confiance en toi ?

Maintenant que tu as défini ton degré de confiance en toi, il serait bien d'essayer de déterminer pourquoi il est tel, surtout si tu en manques notablement.

La construction ou la déconstruction de l'estime que l'on se porte provient principalement des autres.

> « Si, enfant, on est face à des parents qui, par exemple, répètent sans cesse qu'on est nulle, qu'on ne vaut rien… on va se construire avec cette idée.
>
> Si on est (ou cherche à ne plus être) dans une relation amoureuse dans laquelle on est rabaissée par l'autre, ou accusée d'avoir certains défauts… l'estime de soi en prendra un coup. (Ce n'est d'ailleurs pas parce que quelqu'un pointe certains défauts qu'ils sont forcément réels, d'où l'importance de se connaître soi-même, de connaître sa valeur. On y reviendra par la suite.)
>
> Si un professeur ou un chef dit qu'on n'est pas compétente et qu'on fait n'importe quoi… on va avoir tendance à se remettre en question.
>
> Si tout ce qu'on voit autour de soi depuis l'enfance, ce sont des magazines remplis de photos montrant des femmes à la taille mannequin,

où les autres morphologies sont considérées comme « anormales » et encouragées à des modifications… on va se dire qu'on n'est pas assez bien et on va se sentir frustrée, voire malheureuse de ne pas arriver à ressembler à ces filles-là.

(J'ai touché un point sensible, là, non ? Combien d'entre nous ont la chance de ne jamais avoir éprouvé ça ? Si c'est ton cas, bravo, tu fais partie d'une grande minorité.)

Au contraire, si on a l'habitude d'être valorisée, de sentir que l'on compte et que notre voix est écoutée… on aura plus confiance en nous. »

EXERCICE 1 Ce que tu es, ce que tu peux, ce que tu veux

Je te propose de prendre une feuille de papier, un stylo, et de remonter dans tes souvenirs pour dresser la liste de dix moments où tu t'es sentie dévalorisée, en précisant :

- ce que cela a créé en toi ;
- si cela a fait émerger quelque chose de négatif en toi.

Ensuite, essaie de relier ce que tu as écrit aux ressentis décrits dans le schéma ci-dessous.

Origine du manque de confiance en soi

Manque de valorisation

Manque de confiance en ce que je suis

- Manque d'attention
- Regard négatif
- Difficulté à se valoriser
- Difficulté à se faire confiance, à s'écouter
- Tendance à se soumettre, à subir

Manque de soutien

Manque de confiance en ce que je peux

- Manque d'affection, d'encouragement
- Manque de protection
- Difficulté à avancer, à évoluer
- Difficulté à concrétiser

Manque de place

Manque de confiance en ce que je veux

- Manque d'amour
- Manque d'écoute
- Difficulté à choisir
- Difficulté à s'engager, à se lancer
- Difficulté à progresser

Voilà qui t'aidera à déterminer ou à confirmer d'où vient le manque de confiance en toi que tu peux ressentir.

Bien sûr, tu peux être confiante dans certains domaines de ta vie, et moins dans d'autres. Il n'y a pas que deux camps, ceux qui ont la confiance et ceux qui ne l'ont pas. Tu peux aussi te situer au milieu, et quand même avoir besoin de faire le point sur certaines choses.

Alors, est-ce que tu peux effectivement relier certains de ces ressentis à des événements de ta vie ?

Pour pallier le manque de confiance en toi, tu peux avoir recours à la restructuration cognitive, comme pour dépasser tes croyances limitantes (voir p. 25). Je t'invite également à reprendre ton analyse SWOT (voir p. 17), en te remémorant tes forces.

EXERCICE 2 Un bouquet coloré de qualités

Prends dix Post-it. Note sur chacun une qualité que tu possèdes, ou quelque chose que tu aimes chez toi. (Ne fais pas la tête, bien sûr que tu peux en trouver dix ! ☺)

Une de mes qualités

Une de mes qualités

Une de mes qualités

Une de mes qualités

Une de mes qualités

Ce que j'aime chez moi

Ce que j'aime chez moi

Ce que j'aime chez moi

Ce que j'aime chez moi

Ce que j'aime chez moi

Une fois que c'est fait, demande à trois proches différents de te citer trois qualités qu'ils te trouvent, et trois choses qu'ils trouvent jolies chez toi.

Ce que pensent mes proches

Une de mes qualités	Ce qui est beau chez moi

Tu pourras ajouter leurs mots à tes dix premiers Post-it.

Accroche-les quelque part : sur un miroir, un mur, ou autre.

Chaque fois que tu commenceras à douter de toi, regarde-les et lis chacun à voix haute, en t'imprégnant de ce qui y est écrit.

Si tu n'as pas de Post-it sous la main, tu peux remplir ceux qui sont dans cet ouvrage.

Ainsi, dès que tu ouvriras ce livre, tu te rendras compte de toutes tes qualités et de ta beauté !

Parfois, on n'a pas conscience de tout le positif qu'il y a chez nous, que ce soit sur le plan physique ou sur le plan mental.

Autorise-toi à te rendre compte de tes qualités et de ce qu'il y a de beau en toi pour vraiment avancer dans ta vie.

Tu es unique. Sois fière de la personne que tu es.

Ose être toi

Les raisons qui peuvent t'empêcher d'oser être toi-même sont assez semblables à celles qui font que tu peux manquer de confiance en toi. Les attentes et pressions sociales et familiales, les croyances, la peur de ne pas te faire accepter, celle du jugement, du conflit, de l'inconnu... Beaucoup de barrières proviennent de l'extérieur.

On nous pousse à nous conformer, à faire comme tout le monde, quitte à mettre de côté la personne qu'on est véritablement. Et on étouffe...

Jusqu'au jour où c'est trop lourd à porter, et où on a envie de tout envoyer valser.

Pauline, 40 ans

Vient de plaquer son job dans la com' pour devenir éleveuse de brebis.

Peut-être même que tu te sens toi-même comme Pauline, ou que tu connais quelqu'un dans ton entourage qui pourrait correspondre à ce profil ?

Celle qui n'a pas forcément suivi ses véritables rêves, ceux de la petite fille que tu étais ou de la jeune femme que tu es ensuite devenue, alors que tu as secrètement toujours envie de les réaliser au plus profond de toi. Tu as peut-être jusque-là choisi une voie « confortable », ta carrière est peut-être fondée sur une opportunité que tu as un jour eue, mais qui ne correspond pas vraiment à ce que tu voulais faire, ou que tu as choisie sur les conseils et attentes de ton entourage. Et, finalement, à 40 ans, tu te réveilles un matin en voulant faire le bilan de la moitié de ta vie. Et voici ce qui en résulte : « Mais qu'est-ce que j'ai fichu pendant tout ce temps ? ». Tu ressens alors une grosse envie de te réaligner avec toi-même et de faire de ton quotidien, et/ou de ton activité professionnelle, quelque chose de plus épanouissant.

C'est justement ce que je souhaite t'éviter avec ce livre. Certes, une remise en question n'est jamais mauvaise, peu importe l'âge, mais c'est encore mieux de se sentir tellement bien dans sa vie qu'on ne ressent pas le besoin d'en faire une, non ?

L'avis des autres, ce n'est que la vie des autres.

Oser être soi, c'est se libérer de son masque, du rôle qu'on a peut-être eu l'habitude de jouer en société, c'est oser exprimer ses sentiments profonds, ses opinions, sa personnalité. C'est être à l'écoute de ses besoins intérieurs, de ses valeurs, de ses aspirations personnelles.

Je trouve très courageuses les personnes qui osent être elles-mêmes. Car, sur le chemin de l'acceptation de toi, tu rencontres forcément des obstacles : des proches qui te tournent le dos — parce que le fait que tu oses être toi leur fait perdre le pouvoir qu'ils avaient sur toi, ou alors parce qu'ils n'acceptent pas la personne que tu es réellement (courage à celles à qui cela arrive, mais comme on dit, seuls les vrais restent ; si une personne ne t'accepte pas, elle ne te mérite pas) ; des personnes qui te jugent sur la façon dont tu gères certaines choses…

On est huit milliards sur la Terre. Vas-tu vraiment laisser une poignée de personnes te compliquer la vie ? Tu trouveras forcément des gens qui t'acceptent et matchent avec ton énergie. Garde confiance.

Tu peux te sentir perdue, te chercher, avoir peur de faire des erreurs, c'est normal.

Pour t'aider dans ta quête de toi-même, je te propose plusieurs exercices.

Le but est de les faire en mettant de côté « les autres » et ce qu'on peut attendre de toi.

CONSTATE : TE SENS-TU LIBRE ?

Où places-tu le curseur de ta prise de décision dans les domaines suivants ?

En 1, tu n'as aucune liberté d'agir comme tu veux ; en 10, tu te sens complètement libre de tes choix…

	1	2	3	4	5	6	7	8	9	10
TRAVAIL	☐	☐	☐	☐	☐	☐	☐	☐	☐	☐
AMITIÉ	☐	☐	☐	☐	☐	☐	☐	☐	☐	☐
RELATION(S) AMOUREUSE(S)	☐	☐	☐	☐	☐	☐	☐	☐	☐	☐
VIE DE FAMILLE	☐	☐	☐	☐	☐	☐	☐	☐	☐	☐
ÉTUDES	☐	☐	☐	☐	☐	☐	☐	☐	☐	☐
LOISIRS	☐	☐	☐	☐	☐	☐	☐	☐	☐	☐

Trouve-toi : valeurs, authenticité et intuition

- **Identifie tes valeurs :** Qu'est-ce qui est important pour toi de façon générale ? Qu'est-ce qui te motive ? Dans quoi trouves-tu un sens ? Fais une liste de cinq de tes valeurs (exemples : la liberté, l'honnêteté…).
- **Fais des choix alignés sur ton *toi* authentique :** Si tu n'avais aucune limite ni barrière, dans aucun domaine, si tu ne subissais aucune pression, qu'est-ce que tu changerais dans ta vie ?
- **Fais confiance à ton intuition :** Que te dit-elle au quotidien ? Dans quels types de situations ressens-tu le plus sa présence ? L'écoutes-tu toujours ? Sinon, quelles sont les conséquences que cela a déjà engendrées ? (Exemples : suivre une voie professionnelle qui ne te correspond pas, te mettre en couple avec quelqu'un qui n'est pas vraiment aligné avec qui tu es…)

Libère-toi : …et POC !

Maintenant, on va compléter ce que tu as écrit précédemment, en allant un peu plus loin grâce à la méthode POC :

- **Peurs** (en vue de t'en libérer) ;
- **Obligations** (celles qui ne te conviennent pas) ;
- **Culpabilité** (dont découlent peut-être ces peurs et obligations).

Cette analyse a pour but de t'aider à lâcher prise et à te donner la permission d'être toi.

Pour cela, tu vas devoir répondre à plusieurs questions. Elles sont directes, parfois inconfortables, mais il est important que tu prennes le temps d'y répondre en toute honnêteté (il n'y a pas de mauvaise réponse), car cela t'aidera à avancer. Je te laisse donc t'installer seule dans un endroit calme.

Peurs

- Quelles sont les peurs réelles ou imaginaires qui t'empêchent de lâcher prise et d'être toi-même ?

....

....

....

- À quoi servent ces peurs, selon toi ? Examine-les une à une pour déterminer en quoi chacune d'elles est utile.

....

....

....

- De quoi te protègent-elles ?

....

....

....

- Est-ce que tu désires toutes les garder ?

....

....

....

- Si oui, pour combien de temps ?

....

....

....

- Sinon, comment te protéger sans elles ?

....

....

....

Obligations

- Quelles obligations t'empêchent d'être toi-même ?

....

....

....

- Qui a imposé ces obligations ?

....

....

....

- Est-ce que tu reconnais sincèrement leur bien-fondé ? Qu'est-ce que tu te dis, pour les accepter ?

....

....

....

- Quelles sont les obligations qui te pèsent et sur lesquelles tu pourrais lâcher prise ?

....

....

....

- Sur le plan personnel, familial, amical, religieux, quelles sont les obligations qui nourrissent ton élan de vie ?

....

....

....

- Comment remplacer les « Je dois » par des « Je décide », pour cultiver l'enthousiasme à effectuer ces obligations ?

....

....

....

- Quelles sont les obligations qui entravent ton élan de vie ?

....

....

....

Culpabilité

- Pourquoi vivre dans la peur et les obligations inutiles ?

....

....

....

- Qui tenterait de te culpabiliser si tu lâchais prise sur les obligations que tu as désignées plus haut ? Pourquoi ? Comment ? Dans quel but ?

....

....

....

- Ces raisons sont-elles suffisantes pour que tu te maintiennes dans l'inconfort des peurs, des obligations et de la culpabilité ?

....

....

....

Il est très probable que les peurs et obligations qui sont les tiennes soient alimentées par la culpabilité. La culpabilité de ne pas être *assez* (assez disponible pour la famille, assez bien aux yeux de la morale, assez serviable...), la culpabilité de ne pas se conformer (aux attentes de la famille, des amis, de la société), ou encore celle de blesser éventuellement quelqu'un (prise en charge des émotions des autres au détriment de ses propres émotions et de son bien-être).

Ton bilan

Qu'est-ce que ces exercices ont fait émerger chez toi ?

....

....

....

....

....

....

....

....

....

....

....

....

Sur quels points souhaites-tu travailler pour changer ce qui ne te correspond pas et ainsi enfin oser être toi ?

....

....

....

....

....

....

....

....

....

Le changement peut être inconfortable. Mais il peut être encore plus douloureux de vivre sa vie en se conformant aux attentes extérieures, au lieu de la vivre comme on l'entend.

Privilégier l'amour de soi à la peur des autres est un des chemins vers le bonheur et la sérénité. Oser être soi-même est une démarche libératrice.

- C'est accepter de courir un risque en sortant de sa zone de confort, pour devenir maîtresse de son existence et aller vers l'épanouissement personnel.
- C'est se connecter à sa véritable identité, à son véritable *soi*, pour se sentir plus alignée avec qui l'on est.
- C'est se donner la permission d'être pleinement humaine, avec ses défauts et ses qualités.
- C'est tout simplement sentir qu'on vit réellement *sa* vie, sans avoir l'impression d'être à côté de ses baskets ou de porter celles d'une autre personne !

Prends soin de ta santé mentale

Il n'y a pas de santé sans santé mentale.

Organisation mondiale de la santé (OMS)

« La santé mentale est un état de bien-être indispensable pour se sentir en bonne santé. Elle ne se définit pas seulement par l'absence de trouble mental ou psychologique. Comme le fait d'être en bonne santé physique, être en bonne santé mentale permet de se sentir bien dans sa peau, de s'épanouir, d'agir, de s'intégrer dans une communauté familiale, amicale, scolaire, professionnelle et de participer à la vie socio-économique. Santé mentale et santé physique sont indissociables l'une de l'autre et sont d'ailleurs souvent imbriquées, l'une influençant l'autre et inversement. »

Telle est la définition que donne l'Assurance Maladie française sur son site Internet[1].

Es-tu attentive à ta santé mentale ?

Lorsque l'on se sent mal physiquement, on va voir un médecin. Mais as-tu le réflexe de te consulter un(e) psychologue ou un(e) autre spécialiste quand tu ressens le besoin d'être soignée mentalement ?

Le repos, physique mais aussi mental, émotionnel, est nécessaire. Tu n'as pas à culpabiliser ni à avoir honte d'en éprouver le besoin.

1. https://www.ameli.fr/assure/sante/themes/sante-mentale-de-l-adulte/sante-mentale-definition-et-facteurs-en-jeu [consulté le 5 novembre 2023].

N'attends pas qu'il soit trop tard. Car si tu franchis cette limite, tu auras besoin de plus que juste un peu de repos pour te remettre sur pied.

Imagine par exemple que tu travailles beaucoup. Au bout d'un certain temps, tu peux commencer à te sentir fatiguée, irritable. Tu dors de moins en moins, d'un sommeil peu qualitatif. Tu te sens de plus en plus submergée.

À ce moment-là, deux choix s'offrent à toi :

1. Tu ne fais rien et continues sur ta lancée, et finalement deux semaines après ton corps craque de lui-même et un matin tu ne peux plus sortir du lit. Tu restes en arrêt plusieurs semaines, voire plusieurs mois, car tu n'as plus l'énergie pour faire quoi que ce soit. Tu as fait un burn-out.
2. Tu te dis que ce n'est pas tenable sur la durée, et tu prends la décision de ralentir d'une façon ou d'une autre, que ce soit en travaillant un peu moins ou en demandant une nouvelle répartition des missions pour moins te sentir sous l'eau. Tu prends également une journée par semaine où tu coupes ton téléphone et te consacres à des activités que tu aimes. Tu peux ensuite retourner chaque semaine au travail en te sentant reposée.

On pense parfois que le fait de repousser ses limites ne peut être que bénéfique, alors que finalement cela a l'effet contraire. Il vaut mieux prendre le taureau par les cornes et essayer de trouver des solutions concrètes et immédiates quand on sent que ça ne va pas, pour pouvoir tenir sur la durée sans trop de conséquences mentales, plutôt que de pousser l'effort toujours plus loin, et de finalement devoir tout arrêter pour une durée indéterminée en mettant sa vie sur pause.

Il n'y a rien de plus important que de prendre soin de soi.

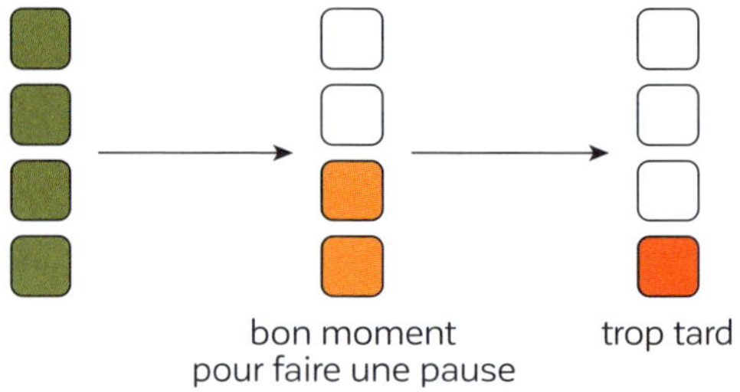

Le problème, c'est que même si de plus en plus de personnes sont attentives à leur bien-être mental, ce sujet reste tabou pour beaucoup[2].

On peut être tenté de ne pas faire de sa santé mentale une priorité :

- parce qu'il y a toujours quelque chose de plus important à faire (32 %) ;
- par manque de temps (31 %) ;
- parce qu'on n'a pas ce réflexe (22 %).

Comment préserver par toi-même ton bien-être mental

Tu peux faire beaucoup par et pour toi-même, notamment en t'accordant du temps et la permission de faire des choses qui te rendent heureuse !

Marcher à l'extérieur

Même si tu n'habites pas à côté d'une forêt ou d'un autre espace naturel, le simple fait de sortir faire quelques pas, de respirer l'air du dehors et de sentir le soleil sur ton visage est le plus souvent apaisant.

Une petite escapade, même de dix minutes, accorde une pause à tes pensées, peut t'aider à remettre tes idées en place et à te sentir plus sereine : tu y vois plus clair.

2. « Les Français et leur bien-être mental », étude Ifop pour la Fondation Aésio, menée auprès d'un échantillon de 2 014 personnes, représentatif de la population française âgée de 15 ans et plus, par questionnaire auto-administré en ligne du 14 au 20 septembre 2021 : https://www.ifop.com/publication/les-francais-et-leur-bien-etre-mental/ [consulté le 4 novembre 2023].

Faire ce que tu aimes faire

Dans ce monde qui va à cent à l'heure, il est essentiel de t'accorder des moments où te livrer à ton occupation favorite te met en retrait.

Personnellement, peindre en écoutant de la musique m'aide beaucoup : je me mets dans ma bulle et je n'ai plus à réfléchir, mon corps agit en pilote automatique et cela donne du répit à mon esprit.

Tu peux obtenir le même résultat avec de multiples autres activités, selon tes goûts : tu peux jardiner comme faire des puzzles, aller au restaurant pour manger un plat qui te fait vraiment plaisir, ou alors te le cuisiner chez toi, lire, rire avec un(e) proche, nager... Il y a mille et une possibilités !

T'éloigner des écrans

Selon l'Observatoire national du numérique[3], on passe chaque jour en moyenne cinq heures devant nos écrans, tous supports confondus : télévision, ordinateur, téléphone, tablette, console de jeux...

T'astreindre à une *digital detox*, c'est-à-dire renoncer complètement à ces appareils, par exemple un jour par semaine ou le soir à partir d'une certaine heure, peut être bénéfique. Il est aussi possible de mettre en place des systèmes de contrôle de son temps d'écran : des applis gratuites sont disponibles, et sur certains téléphones tu peux être notifiée directement.

Ne pas abuser de leur usage peut t'aider à te réancrer dans le moment présent et à récupérer de l'énergie mentale. T'éloigner du flux d'informations déversé par les médias et les réseaux sociaux, notamment, t'offre la liberté de te concentrer sur des pensées plus positives. Car comment veux-tu avoir un mental positif si tu es confrontée du matin au soir à des informations du type « Untel a tué Untel », « telle guerre a été déclenchée dans tel pays », « encore une histoire d'agression dont l'agresseur n'a pas

3. Rapport « Baromètre du numérique, édition 2022 », remis en 2023, disponible sur : https://www.economie.gouv.fr/files/files/directions_services/cge/barometre-numerique-2022.pdf?v=1684931616.

été puni», «Untel a montré ouvertement son racisme envers Untel», «Voilà le nouveau corps à la mode, et bien sûr ta morphologie n'en fait pas partie», etc. C'est sans fin.

Le fait d'être sans arrêt confrontée à des sujets qui développent du négatif, de la colère, de la peur et de la frustration est fatigant. Ton esprit a lui aussi besoin d'un break pour assimiler tout ça et se reposer.

Personnellement, depuis que je suis enfant j'ai été habituée à regarder les informations à la télévision lors des repas de famille. Mais être confrontée à tant de misère et d'injustice me rendait anxieuse et me faisait croire que le bon côté du monde et des humains disparaissait de plus en plus. Franchement, qui n'a jamais pensé ça?

Jusqu'au jour où, il y a presque dix ans, je suis partie en voyage. J'ai décidé d'en profiter pour déconnecter un maximum. Et j'ai senti un déclic en moi. Pendant cette détox d'informations et de réseaux sociaux, je me suis sentie vraiment bien. J'ai pris le temps de me reposer l'esprit et de redécouvrir un peu le monde et les gens autour de moi, libérée de cette peur que j'avais auparavant. Et, finalement, j'ai fait de superbes rencontres et j'ai profité comme jamais.

Attention, je ne dis pas qu'il faut foncer partout tête baissée sans avoir conscience du danger.

Je veux surtout dire qu'être prudente c'est bien, mais devenir parano ne nous aidera pas à oser et à nous ouvrir aux autres. Bien sûr qu'il se passe des choses inhumaines dans ce monde. Mais à côté de ça, il en advient aussi d'incroyablement belles, et on ne met pas assez l'accent dessus, à mon sens.

Depuis cette expérience, je ne regarde plus les infos, et je sens que s'est libéré un grand espace mental. Et cet espace, à la place de le remplir avec des mauvaises nouvelles, je le comble de bonnes énergies. Je me sens depuis infiniment plus sereine, ça m'a retiré un poids incroyable sur la conscience. Je continue à m'informer sur ce qu'il se passe, mais cela me prend une minute. Ce qui me laisse du temps pour ce qui m'est bénéfique et me fait avancer.

Pareil sur les réseaux sociaux. J'ai depuis longtemps décidé de ne plus suivre les comptes qui ne me font pas me sentir bien, ou qui me poussent à trop me comparer.

Toi aussi, si tu n'as pas encore mis cela en place, autorise-toi un break mental de temps en temps. Reprends le contrôle sur les informations que tu laisses venir à toi. Cela aura un réel impact sur ta vie, je te le garantis.

Pratiquer une activité sportive

Le sport, quel qu'il soit — footing, yoga, stretching, natation, renforcement musculaire, danse... —, et même le simple fait de bouger (en marchant, en rangeant son intérieur, etc.) a des vertus sur le mental. Cela permet de réduire le stress, l'anxiété et les risques de dépression.

En effet, lorsque tu mets ton corps en mouvement, il sécrète des endorphines et de la dopamine, les hormones dites du bonheur!

Dormir suffisamment

Lorsqu'on ne dort pas assez ou pas bien, qu'on a des insomnies, des réveils nocturnes... on ne se sent pas au top de sa forme. Un sommeil insuffisant ou de mauvaise qualité peut impacter ton humeur pour toute la journée, te plonger dans un état de fatigue et de stress désagréable qui te fait passer de mauvais moments.

À titre indicatif, voici la durée moyenne de sommeil recommandée en fonction de l'âge:

- Adolescents (14-17 ans): de 8 à 10 heures par jour.
- Jeunes adultes (18-25 ans): de 7 à 9 heures par jour.
- Adultes (26-64 ans): de 7 à 9 heures par jour.
- Personnes âgées (65 ans et plus): de 7 à 8 heures par jour.

Pour autant, la durée idéale de sommeil varie selon les personnes. Afin de prendre conscience de celle qui te convient, qui te repose le plus, il te suffit de noter, pendant deux semaines, tes heures d'endormissement et de réveil.

Par ailleurs, pour favoriser la venue du sommeil, tu peux te créer un petit cocon et un petit rituel : des draps douillets, t'éloigner des écrans une heure avant de te coucher, te plonger plutôt dans un livre, rester dans le noir ou préférer une lumière tamisée… Il convient aussi, autant que possible, de maintenir ta chambre à une température de 20 °C au plus.

Voir du monde

L'humain étant un être sociable, passer du temps avec un(e) ou des proches dont tu aimes la compagnie peut te faire le plus grand bien. Veille simplement à choisir des personnes avec lesquelles tu te sens en totale confiance : encaisser des remarques ou constater de l'incompréhension en face de toi ne t'aidera pas à préserver ton bien-être mental, au contraire. Tourne-toi vers une ou des personnes avec lesquelles tu peux être toi-même et… rire ! Quel bien cela peut faire pour relâcher la pression !

Deux idées d'activités qui font du bien à l'esprit

Dessiner ou colorier

Pratiquer une activité artistique, même toute simple, peut t'aider à te détendre.

Tiens, et pourquoi ce ne serait pas là, maintenant, le quart d'heure de break de ton esprit ?

Prends donc tes plus beaux feutres et remplis cette page de motifs et de couleurs de ton choix !

SE CONSTRUIRE UNE *HAPPY PLACE*[4]

Une *happy place*, c'est, dans la réalité ou dans ton imagination, un souvenir, une situation, une personne, un endroit qui te rend heureuse.

Le but est que tu puisses, par le simple pouvoir de la pensée, t'y réfugier et te recréer un sentiment de bien-être chaque fois que tu le souhaites.

- Commence par décrire ta *happy place* :
  Sous quel aspect ou sous les traits de quelle personne se présente-t-elle ?

  ....

  ....

  ....

  ....

  Quels sont les sons, les odeurs, les sensations que cette évocation génère ?

  ....

  ....

  ....

  ....

  Quels sentiments te fait-elle éprouver ?

  ....

  ....

  ....

  ....

4. *Mon carnet pour me connaître*, Pocket, 2023.

- Connecte-toi à ta *happy place* :
  Pose-toi, ferme les yeux, inspire profondément, et imagine-toi là-bas ou avec cette personne.
  C'est agréable, n'est-ce pas ?

  ....

  ....

  ....

  ....

Essaie d'y retourner dès que tu te sens dans un état d'esprit négatif.

Ce refuge mental t'aidera à lâcher prise, à te rassurer, à te libérer de tes problèmes et à te sentir bien.

Cultive ton optimisme

Modifiez votre manière de penser, de ressentir, de parler et d'agir, et vous commencerez à transformer votre monde.

Vex King, *Cultivez l'énergie positive*[1]

Hé, toi, petit soleil !
Oui, c'est à toi que je parle.

Es-tu résolument optimiste, ou seulement à mi-temps ? Ici, nous allons nous occuper de ta lumière intérieure, qu'il s'agisse de la maintenir ou de l'allumer !

Car quand tu brilles à l'intérieur, ça se ressent à l'extérieur, et dans ta vie en général.

Commençons par cette question bien connue :

D'après toi, comment est ce verre ? (coche la réponse qui te semble correcte)

○ À moitié plein

○ À moitié vide

Tu es une optimiste dans l'âme ! Tout semble plus beau à travers la vision que tu as de la vie. Tu trouveras dans cette sous-partie des conseils à appliquer en plus au quotidien pour continuer à rayonner.

Tu ne sembles pas très optimiste. Ça ne fait rien, je vais te donner des astuces pour voir la vie du bon côté et rendre ton quotidien plus lumineux.

1. King, Vex, *Cultivez l'énergie positive. Pour une vie heureuse*, trad. Delphine Billaut, Paris, Pocket, 2021.

L'optimisme, c'est une attitude mentale positive : tu t'attends à ce que les choses se déroulent bien, en voyant les possibilités plutôt que les obstacles. Tu prends les choses négatives qui peuvent survenir comme des défis à relever, et comme un moyen de toujours t'améliorer.

Les optimistes ont plus tendance à percevoir les qualités des autres et à avoir des relations saines, à être motivés, à concrétiser leurs projets, à (essayer d')avoir confiance en eux, à se sentir bien, psychologiquement et physiquement.

Une fois que l'on sait cela, il n'y a plus à hésiter, si ?

FLASH CULTURE : L'OPTIMISME N'EST PAS UNE IDÉE NOUVELLE

Cette notion existe depuis déjà un bon bout de temps. Et quand je parle de bon bout de temps, je désigne une époque avant le fameux J.-C., puisqu'on peut dire que Socrate, Platon et Aristote sont à l'origine du fondement de l'optimisme moderne.

Eh oui, le développement personnel n'est pas si récent ! Depuis la nuit des temps, on planche sur la recherche du bonheur et du bien-être. Et ces trois philosophes notamment, par leurs interrogations à ce sujet, ont contribué à donner à l'optimisme la définition qu'on lui prête aujourd'hui.

Pour faire un petit topo rapide :

- **Socrate** encourageait tout un chacun à rechercher la vérité et la connaissance de soi. Son approche de la remise en question personnelle a incité à aller dans le sens de l'**amélioration de soi**, de la **quête de sens.**
- **Platon**, qui était élève de Socrate, a mis l'accent sur la quête du bien-être. C'était un idéaliste qui croyait en l'existence d'un monde d'idées parfaites. Ses concepts philosophiques ont encouragé la **croyance en des résultats positifs et en des améliorations.**

- **Aristote**, qui était disciple de Platon, était un peu plus nuancé, pragmatique. Son idée de « juste milieu » a influencé l'optimisme moderne dans le sens où, selon lui, il ne s'agit pas tant d'obtenir de bons résultats dans sa vie en général que d'**atteindre le bonheur en vivant une vie vertueuse et équilibrée.**
  On lui prête la phrase : « Être heureux ne signifie pas que tout est parfait. Cela signifie que vous avez décidé de regarder au-delà des imperfections. »

Certains pensent que l'optimisme est de la naïveté, que le mettre en pratique au quotidien est impossible.

Sauf qu'il ne s'agit pas de se déconnecter de la réalité et de refouler le négatif : il s'agit de vivre sa vie en ayant confiance, de voir les choses du bon côté, et de surmonter les difficultés plus facilement, en s'adaptant.

Attention, si le verre déborde, c'est du suroptimisme...

De même que le pessimisme, le suroptimisme est toxique, mauvais pour la santé mentale. Il s'agit d'un biais cognitif qui mène à une surconfiance, à une surestimation des bonnes choses qui pourraient arriver autant qu'à une sous-estimation des mauvaises choses possibles. On ne se prépare pas assez bien à toutes les éventualités, et on bannit les émotions négatives.

C'est faire l'autruche face aux choses qui vont moins bien ou qui pourraient se mettre à aller moins bien dans sa vie. Par exemple, on met de côté une partie de ses sentiments et de ses pensées pour ne pas paraître faible. Or cela peut avoir des conséquences néfastes à long terme.

Choisir de ne pas affronter les problèmes et ses émotions, c'est tout refouler. Pour autant, ils sont toujours là, dans un coin de la tête, et ressortiront tôt ou tard. En attendant, ce choix peut mener à des situations de stress et d'anxiété.

Toutes nos émotions comptent et sont valides. En ressentir des négatives ne fait pas de nous des personnes faibles, juste des humains. Nous ne sommes pas des robots.

Accepte le dégradé de tout ce qu'il y a en toi.

> Le positif t'apporte de la fierté, le négatif t'apporte des leçons et te rend plus forte.

LES LOIS DE LA VIBRATION ET DE L'ATTRACTION

Pour cultiver ton optimisme, tu peux intégrer ces lois à ton quotidien. Ce sont deux concepts qui peuvent être complémentaires.

LA LOI DE LA VIBRATION

C'est le principe selon lequel, chaque chose vibre de façon spécifique dans l'Univers, et si l'on aligne ses propres vibrations sur ce qui est sur la même onde que soi, on peut s'attirer du positif.

D'après Vex King, dans son livre *Cultivez l'énergie positive*, conserver un bon taux vibratoire passe par le fait de :

S'ENTOURER DE GENS POSITIFS

Il s'agit là de fréquenter des personnes qui vibrent au même niveau que soi, ou à un niveau supérieur, pour absorber leur bonne énergie et rester dans un bon état émotionnel.

Par exemple, si tu ne fréquentes que des personnes qui ont tendance à être jalouses et médisantes, alors que toi-même ne l'es pas, tu auras un taux vibratoire décalé par rapport à elles, donc tu te sentiras sûrement mal à l'aise, et cela peut brouiller ta bonne énergie, te tirer vers le bas.

Prendre du temps pour soi

Pour se reposer, lâcher prise, recharger ses batteries.

Trouver de l'inspiration

Pour se motiver et insuffler en soi de l'optimisme.

Lis, regarde des contenus, écoute des podcasts, etc. Pour t'imprégner d'histoires et de témoignages qui résonneront en toi et te donneront envie de donner le meilleur.

S'hydrater et s'alimenter correctement

Ce que l'on consomme a une incidence sur le corps et l'esprit.

Si tu ne manges pas de façon saine et ne bois pas assez d'eau, cela ralentit ton taux vibratoire. Cela t'empêche d'être au top de tes capacités, tu es plus vulnérable.

La loi de l'attraction

Elle est plus axée sur les pensées et les émotions : en pensant et en ressentant les choses de façon positive, nous pouvons attirer encore plus de situations positives dans notre vie. Il s'agit d'un cercle vertueux.

Bien sûr, comme on vient de le voir, la pensée négative n'est pas mauvaise. On va juste chercher à la transformer en quelque chose de positif.

Toujours d'après Vex King, voici comment il faut procéder :

Identifier la pensée négative

En creusant et en étant honnête avec soi-même.

S'interroger

En se demandant pourquoi on a ce ressenti, en essayant d'en identifier la cause.

Comprendre

Il s'agit de saisir la signification profonde qui sous-tend l'émotion.

Remplacer

On peut remplacer la pensée négative par une pensée positive en se demandant comment on pourrait voir ou faire les choses différemment pour se sentir mieux.

Visualiser

Visualiser l'émotion négative en parallèle de la pensée positive aide à associer l'émotion en question avec moins de difficulté.

N'hésite pas à répéter plusieurs fois cet exercice. La pratique et la répétition rendent tout plus facile au fil du temps !

Coaching : un exercice par jour

Si tu souhaites accentuer la pratique d'un optimisme sain dans ta vie quotidienne, je te propose un programme d'exercices sur une semaine.

Il est important toutefois de répéter ces exercices pour que la pensée positive devienne un automatisme, que l'optimisme fasse partie intégrante de ta vie, t'apportant un prisme de sérénité et de bonheur…

LUNDI La liste des bonnes énergies

Sur une feuille, note de cinq à dix choses qui te mettent en joie dans la vie.

Relis régulièrement cette liste, et essaie pendant toute la semaine de faire ce que tu as écrit, ou de te rapprocher des personnes ou des choses que tu as citées.

....

....

....

....

....

....

....

....

....

....

....

....

....

....

....

....

MARDI La page des frustrations

Cet exercice vise à te décharger de tout le négatif, car il peut être difficile d'être optimiste lorsque l'on a des choses négatives en tête.

Prends une feuille A4, des crayons, feutres et stylos différents et de couleurs variées. Note toutes tes frustrations : un reproche qu'on t'a fait, une insulte envers quelqu'un, une situation qui te pèse...

Lâche-toi, c'est le plus important : ne mets pas de filtre à tes pensées, écris, dessine, surligne, rature, repasse sur certains mots... Fais comme tu le sens, c'est juste toi et cette feuille.

Une fois que c'est fait... détruis-la.

Tu peux la froisser, en faire une boule, la déchirer et la jeter, en faire un avion et la balancer, la mettre sous l'eau et en faire de la bouillie. Encore une fois, c'est toi qui décides et qui agis selon ce que tu ressens sur le moment.

Cela te débarrassera symboliquement de ce que tu as écrit. Car ce qui est couché sur le papier prend moins de place dans ta tête. Et si cela te défoule un peu, c'est déjà de l'espace gagné à l'intérieur de toi pour te concentrer sur du meilleur ensuite.

MERCREDI Le *vision board*

Il s'agit d'un panneau d'affichage, dans ton ordinateur ou sur papier — la version papier étant plus motivante, si tu accroches ce tableau de façon à l'avoir sous les yeux tout le temps. Tu y colles des images de ce que tu souhaites avoir, de qui tu souhaites devenir, de ce que tu souhaites faire, de l'endroit où tu rêves de vivre...

N'hésite pas à jouer avec les couleurs et avec les textures, pour le rendre le plus visuel possible. Par exemple, tu peux y coller une image trouvée sur Pinterest, avec une *girlboss*, signe de ton ambition, un sticker en forme d'avion pour représenter ton envie de voyager, des paillettes pour ton envie de briller, des perles pour mettre l'accent sur ta créativité grandissante, bref, cet espace d'expression t'est dédié, prends plaisir à t'en servir, c'est l'occasion.

Chaque fois que tu regarderas ton *vision board*, tu te rappelleras où tu veux aller.

Je te propose aussi une petite variante possible, en prenant un bout de carton qui correspond à la taille de ton vision board, de coller ce dernier dessus, et de le découper en forme de puzzle. Ensuite, tu pourras l'assembler au fur et à mesure de la réalisation de tes objectifs, jusqu'à le compléter entièrement.

Inspirant et motivant, non ?

Tes actions en rapport avec ce tableau seront ensuite déterminantes pour atteindre ton idéal.

Pour t'aider à les mettre en œuvre, je t'invite à placer dessous ou à côté une liste d'objectifs de vie concrets, réalistes et atteignables.

Imagine-toi ensuite en train de concrètement réaliser chaque objectif. Cela te permettra de visualiser le positif plutôt que le négatif. En effet, il est facile de se dire des phrases comme « Et si j'échouais ? » « Et si tout ne se déroulait pas comme prévu ? »...

Mais au contraire... et si tout se passait bien ? Et si tu réussissais au-delà de tes espérances et que tu atteignais ton idéal ?

Si tu fais ce qu'il faut, il n'y a pas de raison que tu n'y arrives pas. Fais-toi confiance.

Tu te souviens que je t'avais conseillé au début de ce livre de toujours garder un carnet sur toi ? Pour t'aider à prendre cette confiance, tu peux y noter tes victoires : chaque jour ou chaque semaine, note quand tu es arrivée à sortir de ta zone de confort, quand tu t'es octroyé une pause pour profiter du moment présent, quand tu t'es sentie heureuse face à une situation...

Cela te permettra de garder une trace de tout ce qui s'est bien déroulé et te montrera le chemin parcouru quand tu reliras le tout plus tard. C'est très motivant !

JEUDI Les affirmations positives

Ce sont des phrases courtes à répéter chaque jour, dans le but de t'encourager grâce à l'autosuggestion.

Ces affirmations peuvent jouer un rôle positif dans la manière dont tu perçois et abordes différentes situations dans ta vie.

Voici quelques exemples :

- « Je suis forte et intelligente, je peux accomplir tout ce que je souhaite. »
- « Je mérite une vie de rêve, je contrôle mon destin, je suis maîtresse de mes décisions, je m'engage à faire tout mon possible pour y arriver. »
- « Je suis bienveillante, généreuse, loyale, je mérite le bonheur, je choisis d'être heureuse. »

Veille surtout à n'utiliser que des termes positifs, à les visualiser mentalement, et à les répéter régulièrement.

Tu peux faire cet exercice chaque matin devant ton miroir, ou même sans voir ton reflet, tant que tu es concentrée quand tu prononces ces phrases et que tu les ressens vraiment.

Tu peux également créer une « boîte d'affirmations positives ». Il te faut juste écrire une affirmation différente sur plusieurs bouts de papiers, mettre le tout dans la boîte, et en piocher un chaque matin. Bien sûr, tu peux adapter ton affirmation selon ton ressenti et tes besoins du jour. Si un matin tu préfères te concentrer sur une affirmation en rapport avec la confiance en soi par exemple, et que tu en as une qui te vient spontanément, tu peux ne pas piocher de papier et juste répéter celle à laquelle tu penses.

Cet exercice est 100 % personnalisable.

Le mieux, en fait, est de te limiter à une affirmation par jour, de façon qu'elle ait le plus d'impact possible dans ton esprit.

VENDREDI L'ancrage dans le moment présent

Dans notre quotidien, nous avons tendance à trop souvent projeter nos pensées sur le passé ou le futur, ce qui nous empêche de profiter de l'instant, et nous fait finalement vivre notre existence dans nos pensées plus que dans la réalité.

Pratiquer la pleine conscience, c'est :

- Être ancrée dans le présent et profiter de l'instant T.
- Remarquer ce qui t'entoure, pouvoir souffler, et éprouver de la reconnaissance.
- Favoriser ton bien-être émotionnel en réduisant ton stress.

Pour pratiquer l'ancrage quelques minutes par jour, il te suffit de trouver un endroit calme où tu ne seras pas dérangée, de t'y asseoir confortablement, le dos bien droit, les mains posées sur tes genoux.

Ferme les yeux, prends conscience de ta respiration : concentre-toi sur l'air qui entre dans ton nez, circule dans tes poumons et ressort par ta bouche.

Fais le vide dans ton esprit pour l'empêcher de divaguer (si tu as du mal au début, c'est tout à fait normal, tu y arriveras mieux au fur et à mesure).

Prends petit à petit conscience de tes sensations, de chaque partie de ton corps.

Au bout de quelques minutes, ouvre les yeux. Prends conscience de ce qui t'entoure, de ton ancrage dans cette réalité, à ce moment et dans cet endroit. Sens-toi exister de tout ton être, connecte-toi à ton environnement.

Tu peux choisir de faire cet exercice seulement cinq minutes par jour, ou alors augmenter la durée, selon tes besoins.

Ça fait du bien de faire le vide, n'est-ce pas ? ☺

Si tu veux aller plus loin, je te conseille de lire des ouvrages sur la méditation. Thich Nhat Hanh, maître bouddhiste reconnu, en a écrit plusieurs, dont un pour les débutants : *Commencer à méditer*[2].

2. Thich, Nhat Hanh, *Commencer à méditer. Conseils pour pratiquer chez soi*, trad. Lyne Strouc, Paris, Pocket, coll. « Évolution », 2014.

SAMEDI La gratitude

C'est un principe qui repose sur le fait d'être reconnaissante et d'apprécier les choses positives de sa vie. On se concentre sur ce qu'on a plutôt que sur ce qu'on n'a pas, ce qui aide à se rendre compte de la chance que l'on a.

Par exemple, on a un toit sur la tête, on mange à sa faim, on a des proches sur lesquels on peut compter, on fait un travail qu'on aime, telle situation a été à notre avantage, telle occasion se présente…

Comme pour les pages de ton carnet que tu réserves à l'écriture de tes victoires, tu peux tout à fait consacrer quelques pages à la gratitude, et noter chaque jour ce qui te rend reconnaissante.

Prends pleinement conscience des choses que tu apprécies, plutôt que de les considérer comme acquises, pour pouvoir reconnaître leur importance.

La gratitude t'aide à être attentive à ce que tu as maintenant, au lieu de t'inquiéter de ce qui pourrait venir à te manquer.

Cela ne veut pas dire que tu ne peux pas avoir mieux, cela te fait surtout te rendre compte du chemin déjà parcouru.

DIMANCHE Le partage de la bonne énergie

La bonne énergie est contagieuse. En faisant plaisir aux autres, on se fait aussi plaisir à soi.

Je t'invite à prendre des petits papiers, et à écrire sur chacun d'entre eux un mot gentil. Fais selon ton inspiration : ce peut être « Vous êtes quelqu'un de génial, passez une bonne journée ! » « Merci d'exister », « Voici un sourire pour rendre votre journée plus agréable »…

Laisse ensuite ces petits mots dans des endroits stratégiques où il sera possible de les trouver. Tu illumineras probablement la journée des personnes qui les découvriront !

La bienveillance fait toujours plaisir, à celui ou celle qui l'offre comme à celui ou celle qui la reçoit.

REPRENDS LE POUVOIR SUR TON CORPS

Nous avons toutes
la même valeur

Comprends l'histoire de ta relation avec ton corps

Notre corps nous accompagne chaque jour de notre vie.

Ton corps te soutient, te permet de ressentir, et a priori de te mouvoir comme tu le souhaites. Il communique avec toi, te signale quand il est temps de prendre une pause, t'envoie des frissons quand tu es mal à l'aise… Il se guérit lui-même lorsque tu te coupes. C'est une machine aussi incroyable que complexe.

On ne maîtrise pas toutes les réactions de son corps, mais tout arrive pour une raison, et il sait la plupart du temps comment faire face : le corps s'adapte.

Tu as sûrement déjà entendu parler du *body positive*. Né en 1996 avec l'association The Body Positive fondée par deux Américaines, Connie Sobczak et Elizabeth Scott, il s'agit d'un mouvement en faveur de l'acceptation de soi qui a été largement popularisé sur les réseaux sociaux ces dernières années : bienveillant et inclusif, il appelle au respect de toutes les morphologies.

La relation qu'on entretient avec son corps est souvent façonnée par des expériences vécues, des commentaires entendus, des croyances intégrées et des événements qui ont laissé une empreinte émotionnelle.

Si tu as du mal à aimer ton corps, il va donc s'agir dans un premier temps de te rendre compte des raisons pour lesquelles c'est le cas, pour pouvoir ensuite tout déconstruire, et enfin rebâtir un lien plus bienveillant avec lui.

UNE CARTE DE TON CHEMIN CORPOREL

Pour poser les bases, je te propose de remplir cette carte, de façon à mettre en lumière des moments positifs et négatifs que tu as vécus et qui ont influencé la vision de ton corps que tu as aujourd'hui.

Voici comment elle fonctionne. Chaque pois représente une année de vie. Si tu as 30 ans, tu colories 30 pois, de la couleur de ton choix. Mais tu colories en orange ceux qui correspondent aux années durant lesquelles un « événement » négatif s'est produit (par exemple, une remarque que tu as reçue qui t'a fait complexer sur une partie de ton corps).

Inversement, tu colories en vert ceux qui représentent des années au cours desquelles s'est produit un « événement » positif (par exemple, un exercice de développement personnel qui t'a aidée à accepter une partie de ton corps que tu n'aimais pas).

Ces « événements » relèvent de ton choix : réfère-toi à tout ce que tu juges important.

Trace ensuite une flèche depuis les pois oranges et verts, jusque sur la page d'en face, où tu précises l'âge que tu avais, et où tu décris ces « événements ».

L'objectif est qu'au fil des années à venir tu aies plus de pois verts que de pois oranges.

Certes, il y a des choses que tu ne peux pas et ne pourras pas contrôler, mais il y en a de nombreuses autres qui sont entre tes mains. Concentre-toi sur celles-ci !

Voici un exemple :

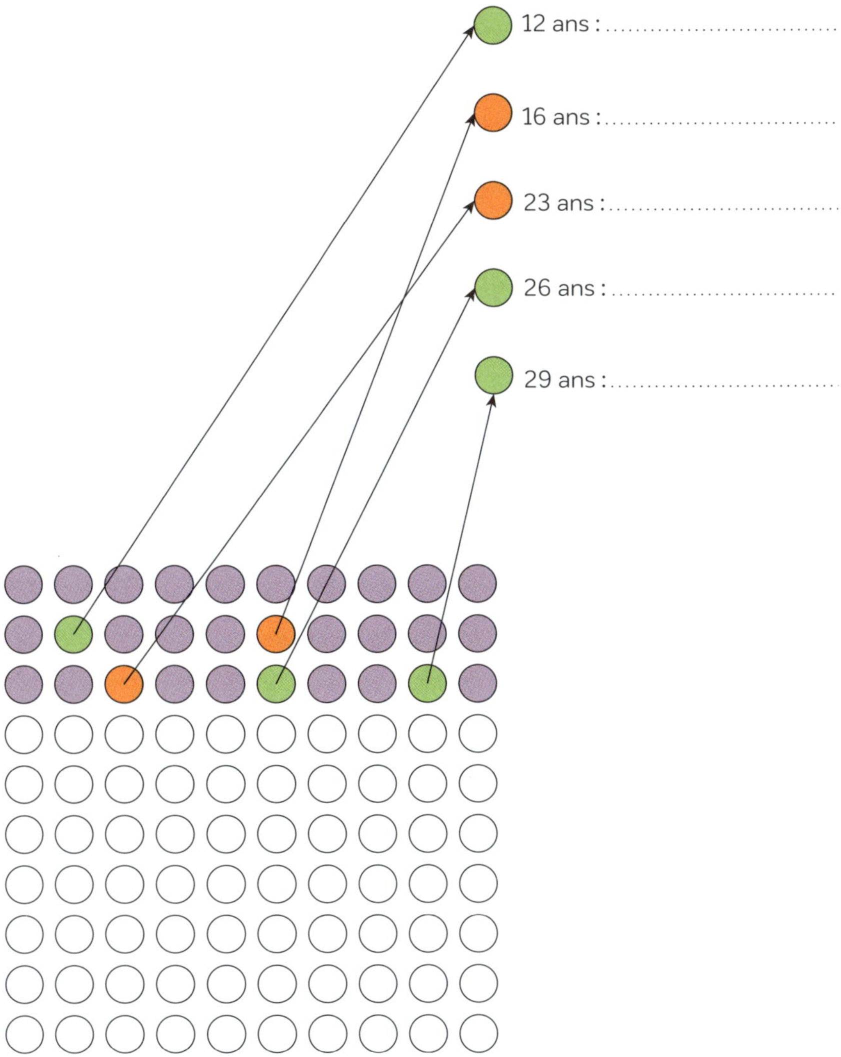

Maintenant, à toi de retracer ton chemin corporel !

Comprends l'histoire de ta relation avec ton corps

La beauté du corps féminin est subjective et évolutive

Il faut comprendre qu'il n'y a pas une définition unique de la beauté humaine, il n'y a pas qu'un seul type de beauté valide. La beauté est subjective : une personne peut en trouver une autre belle, alors qu'une tierce personne ne la trouvera pas à son goût (comme on dit, « les goûts et les couleurs, ça ne se discute pas »).

En réalité, on a tou(te)s notre propre définition de la beauté, et elle est très liée à l'histoire que l'on a, à notre environnement et à notre propre évolution.

Quand l'avis d'une personne émerge dans son esprit à propos d'une autre, cet avis n'exprime que de son propre prisme de définition de la beauté.

Et peu importe l'adjectif qui est utilisé pour qualifier la personne en face, cela n'enlève rien à la valeur de celle-ci.

Ainsi, la beauté peut être liée au fait que le corps est en bonne santé, à son apparence, mais aussi à la façon que la personne a de se mouvoir et au charisme qui en ressort. Les prismes sont aussi nombreux qu'il y a d'humains sur la Terre !

Mais j'ai beau dire ça, nous avons toutes tendance à nous comparer à d'autres femmes. Très (trop) souvent. En invisibilisant les belles choses qu'il y a en nous, trop occupées que nous sommes à regarder l'herbe plus verte — en apparence — de la voisine...

Il existe toujours des standards de beauté en ce monde. Ils sont différents selon les pays, les cultures, les époques. Ces diktats évoluent et se contredisent : une certaine morphologie peut être valorisée pendant une décennie, avant que son contraire soit jugé « parfait » lors de la suivante...

Préhistoire
Antiquité
Moyen Âge
Renaissance
XIXe siècle
1910
1950
2000
2020

La première représentation connue d'un idéal féminin remonte à environ 40 000 ans : les corps ronds étaient alors populaires, car ils étaient signe de fertilité. Par la suite, dans la Grèce antique, la statue de la Vénus de Milo, représentant la déesse de l'amour, Aphrodite, a éclipsé l'ancien modèle : les petites poitrines, le buste fin et les hanches plus larges étaient alors à la mode. Au Moyen Âge, un corps mince et élancé incarnait l'idéal. À la Renaissance, les choses changent : les modèles sont voluptueux et les bourrelets, ainsi que la cellulite, sont mis en avant. Au XIXe siècle, les tailles s'affinent, une taille de guêpe est même de mise (l'enfer des corsets... Heureusement que nous nous sommes débarrassées de cet instrument de torture !).

Au début du XXe siècle, les silhouettes minces et androgynes reviennent à la mode, tandis qu'entre les années 1930 et 1950, des icônes comme Marilyn Monroe ou Jayne Mansfield font l'éloge d'un corps plus plantureux.

La suite, on la connaît à peu près, selon l'âge que l'on a, mais l'extrême minceur, entre les années 1970 et 2010, de mannequins comme Kate Moss ou Naomi Campbell a laissé la place à des formes plus rondes — une taille fine, de grosses fesses et de gros seins —, popularisées en partie par Kim Kardashian. Et la représentation du « corps idéal » changera encore bien des fois dans le futur...

Non, tu n'es pas moins belle qu'elles !

Je t'invite à regarder des photos de femmes connues qui t'inspirent. Tu peux même prendre l'exemple de femmes inspirantes qui t'entourent. Elles sont un micro-échantillon de la diversité corporelle qui peut exister à travers le monde. Tu peux parfois être amenée à penser qu'elles sont plus belles que toi, ou même qu'elles ont plus de valeur. Pourtant, ce sont des personnes comme toi et moi, avec leurs problèmes et leurs propres complexes !

D'ailleurs, tu as sûrement avec elles beaucoup plus de points communs que tu ne le penses : peut-être que ta chevelure n'a rien à envier à celle de

Priyanka Chopra, que ton sourire peut rivaliser avec celui d'Emma Mackey, ta poitrine plantureuse avec celle d'Ashley Graham, tes yeux pétillants avec ceux de Shakira…

Si, si, je t'assure ! Regarde de plus près chacune d'entre elles. Quelles similitudes entre elles et toi remarques-tu ?

……………………………………………………………………………………………

……………………………………………………………………………………………

……………………………………………………………………………………………

……………………………………………………………………………………………

……………………………………………………………………………………………

……………………………………………………………………………………………

……………………………………………………………………………………………

……………………………………………………………………………………………

……………………………………………………………………………………………

……………………………………………………………………………………………

……………………………………………………………………………………………

……………………………………………………………………………………………

Toutes les femmes sont magnifiques et ont de la valeur.

Toi. Les femmes qui sont proches de toi. Les inconnues que tu croises dans la rue.

La vraie beauté, c'est d'accepter la personne que l'on est.

Patriarcat et sexualisation du corps des femmes

Les standards de la société patriarcale sont pour beaucoup dans le fait que nous avons du mal à voir nos (nombreuses) qualités et à nous mettre en avant.

Les médias, notamment à partir des années 1960, époque de grande libération des mœurs, ont largement contribué à véhiculer des standards de beauté biaisés, fondés presque exclusivement sur une sexualisation du corps des femmes instaurée par des hommes.

Nous avons toutes vu au moins une fois une publicité ancienne (mais même potentiellement une plus récente !) vantant les mérites d'un produit à travers l'image du corps d'une femme. C'est le fameux concept de « femme-objet ». Il ne fallait plus se contenter d'être mère, il fallait être sur tous les fronts, notamment en restant « jolie » physiquement.

Le corps des femmes appartiendrait aux hommes et devrait être comme ils le veulent… *bullsh*t* ! Les femmes ont su faire vivre et accepter des mouvements d'émancipation. Aujourd'hui, nous connaissons celui du *body positive* évoqué plus haut.

Les habitudes et l'intériorisation des injonctions ont la peau dure, mais plus le temps avance, plus les femmes veulent s'en libérer et juste se sentir bien dans leur peau, loin de ce sentiment de n'exister et de n'être considérées que par leur corps.

La beauté n'est pas une affaire de taille de vêtements. D'autant que notre corps évolue tout au long de notre vie : on prend du poids, on en perd, on vieillit… **Nous ne sommes pas destinées à être des objets à la mode. Chacune de nous est elle-même, tout simplement !**

Et nous avons toutes de la valeur, quel que soit notre âge. Voilà à quoi sert de faire un travail sur ce sujet. À se donner le droit d'exister pleinement, à se libérer de l'emprise du regard des autres.

TON CORPS EST UNE ŒUVRE D'ART QUI RACONTE TON HISTOIRE

Pour te le prouver, je t'invite à mettre tes « défauts » en valeur, afin de prendre conscience du fait… qu'ils n'en sont pas !

EXERCICE Mettre ses « défauts » en valeur

- Mets de la colle sur les vergetures, et ajoutes-y des paillettes. Ou utilise un stylo pailleté.
- Dessine un cœur d'une couleur autour du nombril. Puis ajoutes-en un autre autour du premier, dans une autre couleur, et ainsi de suite, jusqu'à créer un arc-en-ciel.
- Ajoute sur la poitrine plein de petites fleurs, des paillettes, ou des strass.

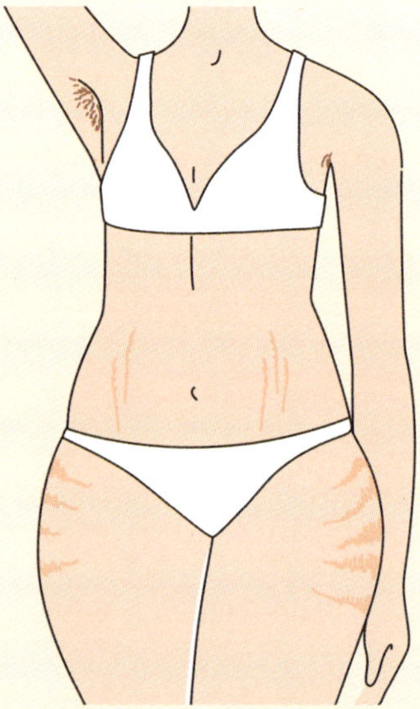

Vois-tu maintenant la beauté dans ce qui nous complexe trop souvent ? Si tu avais ces femmes en face de toi, tu essaierais sûrement de leur dire qu'elles sont belles, n'est-ce pas ?

Alors pourquoi ne te traiterais-tu pas de la même façon ?

Apprends à te parler comme à une amie. Tu es ta plus fidèle alliée. Tu es magnifique, aussi bien à l'intérieur qu'à l'extérieur.

Garde ça en tête, bombasse !

Déconnecte des Instabombes irréalistes

Je te conseille aussi vivement, sur les réseaux sociaux, de te désabonner des comptes qui favorisent tes complexes, à tous points de vue.

Ils ne font qu'ajouter une difficulté dans ton cheminement : tu veux changer en mieux, mais certaines personnes qui s'exposent sur les réseaux ne correspondent pas à la personne que tu veux devenir, inutile donc de t'exposer, toi, au quotidien à leurs photos et leurs discours.

Garde aussi en tête que les réseaux ne sont pas la vraie vie, et que beaucoup extrapolent ce qu'ils vivent. Ils ne montrent que du positif, pas leurs complexes, ni leurs peurs, leurs baisses de moral, etc. Ce qui peut t'amener à te comparer en complexant sur ta propre vie, alors que finalement ils sont plus similaires à toi que ce que tu penses.

Il en est de même pour certains comptes qui peuvent t'amener à te comparer physiquement, et donc à complexer, alors que souvent les clichés en question sont retouchés et que la personne ne ressemble pas complètement à ses photos dans la vraie vie. Petite précision : c'est OK de retoucher ses photos. Chacun agit comme il le souhaite, et si on se sent mieux ainsi, faisons-le. Réfléchissons juste au degré de retouche : est-ce juste pour arranger une mèche de cheveux, ou carrément pour se grossir ou se maigrir ? Dans ce dernier cas, il s'agit d'un complexe sur lequel il faudra faire la lumière pour travailler à son acceptation.

Il existe énormément de comptes bienveillants et inspirants, tu en trouveras facilement qui te correspondent, si ce n'est pas déjà fait.

CULTIVE L'ESTIME DE TOI

Comme on vient de le voir, il est important de pratiquer l'autobienveillance. Évite de te livrer toi-même à la stigmatisation physique à propos de ton poids ou d'aspects que tu perçois comme des défauts.

Apprendre à s'accepter pleinement est possible.
Cultiver ton amour-propre peut beaucoup t'aider dans ce processus.
Ton corps tel qu'il est mérite de la reconnaissance !

À 16 ans : « Je n'aime pas mon corps. »

À 25 ans : « Je n'aime pas mon corps, j'aimerais retrouver celui que j'avais à 16 ans. »

À 30 ans : « Je n'aime pas mon corps, j'aimerais retrouver celui que j'avais à 25 ans. »

À 40 ans : « Je n'aime pas mon corps, j'aimerais retrouver celui que j'avais à 30 ans. »

À 50 ans : « Je n'aime pas mon corps, j'aimerais retrouver celui que j'avais à 40 ans. »

À 65 ans : « Je n'aime pas mon corps, j'aimerais retrouver celui que j'avais à 50 ans. »

(Source : post Instagram de @danaemercer)

Finalement, on se rend compte que tout ça n'a jamais été la faute de notre corps, mais des barrières et pressions mentales qu'on se met. Lui, il est là pour nous, il fait son job. Et en retour on ne l'apprécie pas à sa juste valeur, on le dénigre. On passe son temps à rêver d'un corps plus beau, source de moins de complexes. Alors que celui qu'on a est déjà souvent très bien !

Bien sûr, on peut se sentir mieux dans son corps à 30 ans qu'à 20 ans. J'entends d'ailleurs régulièrement des femmes expliquer ce phénomène par le fait que, justement, plus le temps passe, plus elles apprennent à se sentir bien dans leur peau. Et c'est génial ! C'est justement à cela qu'on veut arriver, à quelque âge que ce soit.

Il n'y a pas qu'une façon de penser. Mais il est vrai que la majorité d'entre nous se sous-estime à un moment ou à un autre, même en ayant entrepris un travail sur soi. Savoir pratiquer l'autocompassion et reconnaître ses atouts, c'est se donner des moyens supplémentaires d'avancer dans l'acceptation de soi.

EXERCICE Concentre-toi sur ce que tu aimes chez toi

Je t'invite à faire cet exercice directement en page suivante, ou à prendre une feuille A4 ou, encore mieux, du papier à dessin un peu épais. Il te faudra également de la peinture, et un crayon.

Écris au centre de la page « Les choses que j'aime chez moi ».

Autour de cette phrase, en prenant toute la surface dédiée, peins une dizaine de petits cœurs.

Une fois que la peinture est sèche, ajoute dans chaque cœur un mot qui désigne une partie de ton corps que tu aimes, par exemple : « Mes mains ». Le fait de devoir remplir tous les cœurs t'obligera à te sonder plus en détail que d'habitude, et à te révéler à toi-même qu'il y a des parties de ton corps que tu aimes, y compris certaines auxquelles tu n'aurais pas forcément pensé en premier lieu. Cet exercice t'incite à te contempler sous un regard nouveau et à mettre en avant ce que tu aimes, au lieu de te focaliser sur ce qui te plaît moins.

PRENDS SOIN DE TOI ET DE TON APPARENCE

Cultiver l'estime de soi passe aussi par le fait de se mettre en valeur physiquement. Après avoir fait l'exercice précédent, tu dois maintenant être plus consciente de tes atouts, de ce qu'il y a de beau chez toi. Il y a différents moyens de prendre soin de son apparence et de se sentir belle.

PORTE UNE TENUE QUE TU AIMES VRAIMENT, ET QUI FLATTE TA MORPHOLOGIE

Choisis-en une qui te met en valeur, même — ou surtout — si tu hésites... et ose la porter. Sa couleur peut s'accorder à celle de ta peau, de tes yeux ou de tes cheveux (ou tout ça en même temps !).

OPTIMISE TON ALIMENTATION ET TON HYDRATATION POUR *GLOW UP* TA PEAU ET TON TEINT

Mange des fruits (pastèque, pomme, papaye...), des légumes (concombre, épinard, brocoli, tomate...). Bois du thé vert, et, de façon générale, au moins deux litres d'eau par jour. Prendre soin de son intérieur se voit forcément à l'extérieur !

ADOPTE UNE BONNE ROUTINE POUR PRENDRE SOIN DE TA PEAU

Utilise des produits et crèmes de qualité, et adaptés à ton type de peau. En effet, ta peau absorbe ce que tu y appliques, il faut donc que tu lui donnes ce qui lui convient pour obtenir un résultat satisfaisant. Pense surtout à bien l'hydrater, grâce à un sérum et une crème, par exemple.

Prends soin de tes cheveux

En utilisant des produits de soin pour les avoir brillants, pleins de vitalité, en te faisant une belle coiffure, ou en t'offrant une coupe chez ta coiffeuse.

Chouchoute-toi

Offre-toi le temps de prendre un bain, fais-toi masser... L'objectif est que tu te sentes bien dans ta peau et que cela te donne confiance.

EXERCICE Le bingo du bien-être

Pour te permettre d'aller un peu plus loin en adoptant ces gestes au quotidien, je te lance un défi.

Voici neuf cases. Chacune d'elles te souffle l'idée d'une chose à réaliser pour toi-même, pour ton bien-être. Le but est que tu coches toutes les cases en l'espace d'un mois !

Je me fais un gommage de la peau	Je fais une activité physique qui me plaît	Je bois 2 litres d'eau nature ou avec du citron
Je porte un vêtement qui me met en valeur	Je dors au moins 8 heures pour me sentir fraîche et reposée	Je me masse le visage pendant 5 min
Je me fais un maquillage qui me plaît	Je vais chez le coiffeur	Je fais une manucure en institut

Voilà qui est un peu plus *light*, pour commencer, qu'un défi par jour pendant un mois, non ?

Pour autant, rien ne t'empêche, le mois suivant, de reprendre l'idée en en ajoutant de nouveaux, ou même de te lancer un défi par jour !

C'est totalement personnalisable.

Reprends possession de ton corps *via* la nourriture

L'insatisfaction corporelle peut te pourrir la vie, même quand elle ne va pas jusqu'à la dysmorphophobie, une pathologie qui se manifeste par le fait de se focaliser à outrance sur un ou plusieurs défauts que l'on se trouve, ce qui peut entraîner une souffrance.

Tu passes le plus clair de ton temps à t'inquiéter, alors que tu te sentirais tellement plus heureuse en lâchant prise et en voyant la vraie beauté de ton corps ! Comme tu le sais, il existe énormément de morphologies différentes. Même avec un mode de vie similaire, deux femmes n'auront pas forcément la même silhouette.

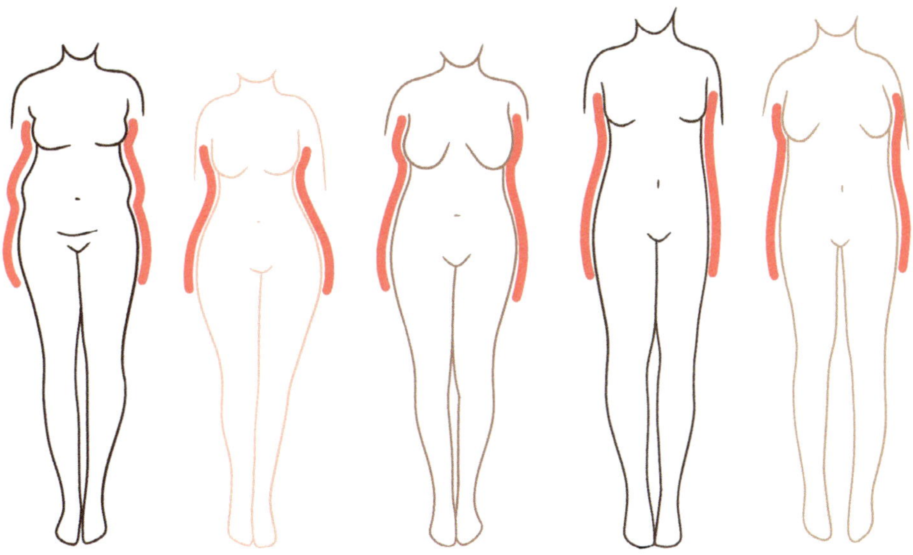

Ce qui est important dans ta relation avec toi-même, c'est l'écoute de ton corps.

En (re)mettant son écoute et ses besoins au centre de ta vie, tu vas te sentir mieux à l'intérieur, mais aussi à l'extérieur. Cela va notamment passer par le fait de revoir ton rapport à la nourriture.

Rien ne sert de te priver à outrance, de subir ton alimentation. Libère-toi d'éventuels comportements alimentaires destructeurs. Tu peux très bien donner les bons nutriments à ton corps tout en remettant le plaisir au centre de tout. Et sans culpabiliser !

La « difficulté » réside surtout dans la nécessaire distinction entre le besoin et le superflu. Quand tu n'as pas mangé depuis sept heures, il est normal que tu aies faim. Par contre, lorgner un fast-food deux heures après ton dernier repas, c'est de la gourmandise.

Alors, attention, un petit snack après le repas n'a jamais fait de mal à personne (on s'en lèche même les doigts ☺). On ne culpabilise pas de se faire plaisir, il faut juste que ça n'arrive pas tous les jours, car là, effectivement le déséquilibre se crée.

D'ailleurs, un petit rappel de la composition d'une assiette équilibrée ne fait jamais de mal. Ces indications ne sont pas inutiles à garder dans un coin de sa tête...

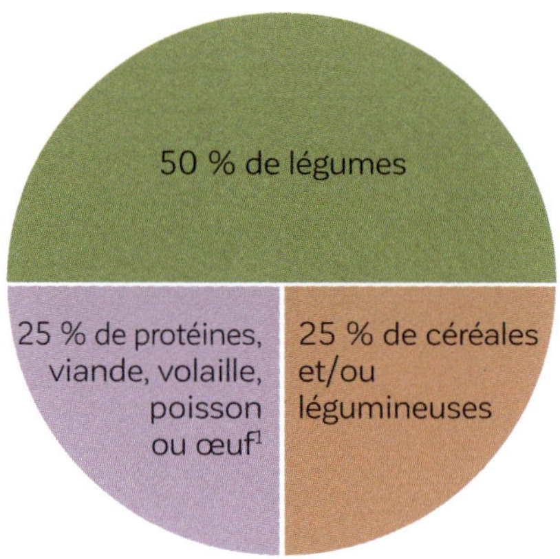

1. Pour une alimentation végane, il faudra revoir la composition de l'assiette.

UNE SEMAINE D'IDÉES DE MENUS ÉQUILIBRÉS ET GOURMANDS

Avoir une alimentation équilibrée ne supprime pas le plaisir de manger. On peut très bien avoir les deux ! L'idée n'est pas de compter à la calorie près, ni de te restreindre ou d'éliminer tous les aliments plaisir, mais bien de te réconcilier avec ton alimentation.

Les calories ne sont pas mauvaises à ingérer. Notre corps a besoin d'énergie pour fonctionner, et elles sont là pour nous l'apporter. En moyenne, une femme adulte qui a une activité physique faible a besoin d'ingérer 1800 calories par jour. Une femme qui a une activité physique modérée va plutôt avoir besoin de 2000 calories. Tandis que les besoins d'une femme très sportive vont plutôt se situer autour des 2400 calories. Ce sont des moyennes, cela varie donc bien sûr d'une femme à une autre.

Nouvel instant racontage de vie

Cela fait environ dix ans que je souffre de TCA (troubles du comportement alimentaire).

Je ne vais pas m'étendre dessus, par pudeur, mais c'est quelque chose de très prenant et fatiguant au quotidien, peut-être que toi-même tu le vis, ou l'as vécu. Ces derniers mois je me suis sentie mieux face à cela, même si ce n'est pas un long fleuve tranquille. Je travaille au quotidien pour faire en sorte que la nourriture reprenne une place « normale » dans ma vie, car je souhaite rediriger une partie de cette énergie pour me concentrer sur des choses qui sont plus importantes et qui me permettent d'avancer.

Les réseaux sociaux m'ont beaucoup aidée en ce sens. Vu que j'applique la plupart des conseils que je partage avec vous, je ne suis que des comptes qui me font du bien, et qui sont dans une démarche *body positive*. Cela m'a permis de m'accepter davantage, et donc de commencer à avoir un rapport plus sain avec la nourriture, de moins me sentir dans cet état de lutte permanente. Je suis partie du principe qu'on peut tout à fait bien se nourrir, de façon saine et gourmande, donc j'ai élaboré ou repris des recettes existantes.

Je vais te partager quelques-unes d'entre elles, mais garde bien en tête que ce ne sont que des exemples de ce que je mange, et que ces recettes ne se substituent en aucune cas à celles d'un spécialiste de la nutrition, que tu peux contacter si besoin. Elles sont bien entendu adaptables à ta propre alimentation, car nous sommes toutes différentes face à cela. Certaines auront envie d'y ajouter des éléments, d'autres d'en enlever, ou encore de modifier une partie des recettes. Et c'est tout à fait OK! Prends-les surtout comme une base d'inspiration.

Pour des informations supplémentaires, tu peux consulter sur Internet, par exemple, le site mangerbouger.fr, qui donne aussi plein d'idées de recettes.

Petite précision à propos des petits déjeuners: je fais des suggestions mais, personnellement, je pratique le jeûne intermittent (d'aussi loin que je me souvienne, en fait, je n'ai eu connaissance de ce terme que bien plus tard). Je n'ai jamais été habituée à prendre un repas le matin. Il m'arrive de le faire, mais je me sens ensuite plus mal qu'autre chose, ayant la sensation d'un trop-plein de nourriture. Je préfère donc me contenter de deux repas journaliers.

Le jeûne intermittent peut être bon pour la santé. Il y a différents degrés: tu peux jeûner pendant cinq heures, quinze heures, etc. Cela dépend de toi et de la facilité que tu as à le faire. Sauter le petit déjeuner n'a aucun intérêt si cela te fait te sentir mal jusqu'au déjeuner.

Pour ma part, je mange le soir vers 20 heures, et je ne remange pas avant 13 heures le lendemain, ce qui donne dix-sept heures de jeûne.

Je te laisse te renseigner auprès de spécialistes si tu souhaites en savoir plus sur le sujet. »

Chaque recette est prévue pour une ou deux personnes, mais n'hésite pas à augmenter les quantités si tu souhaites une plus grosse portion, avoir des repas d'avance, ou en faire pour plus de personnes.

Lundi

Petit déjeuner

Smoothie de fruits de ton choix

Partons par exemple sur un smoothie pomme-fraise-banane :

TEMPS DE PRÉPARATION : 10 minutes

INGRÉDIENTS

- 5 fraises
- 1 pomme
- 1 banane

1. Épluche une banane, une pomme, et équeute cinq fraises, et passe-les dans le mixeur jusqu'à ce que le mélange devienne liquide.
2. Filtre la préparation avec une passoire munie de tout petits trous pour retirer les morceaux qui resteraient.
3. Verse la préparation dans une bouteille, ferme-la, puis laisse le tout au frigo au moins une heure (tu peux aussi le boire directement si tu n'as pas le temps).
4. Et voilà, ton smoothie est prêt !

Si tu souhaites un rendu plus onctueux, tu peux ajouter un yaourt nature à mixer avec les fruits.

DÉJEUNER

Pizza margherita sur pâte au chou-fleur ou au brocoli

TEMPS DE PRÉPARATION : 20 minutes
TEMPS DE CUISSON : 30 minutes

INGRÉDIENTS

- 1 petit chou-fleur
- 1 œuf
- Du parmesan
- Du sel, du poivre, les épices de ton choix
- 100 g de sauce tomate
- 125 g de mozzarella
- Quelques feuilles de basilic

1. Fais cuire les fleurettes à l'eau ou à la vapeur pendant 20 minutes à ébullition.
2. Réduis-les en purée et retire l'excédent d'eau en posant dessus un papier absorbant, ou en les mettant dans un torchon propre que tu presses.
3. Dans un bol, ajoute un œuf, du sel, du parmesan, et les épices de ton choix. Mélange bien le tout.
4. Étale la purée en couche d'environ 1 cm d'épaisseur sur une plaque à four, en lui donnant une forme ronde, comme une pizza.
5. Laisse cuire jusqu'à obtenir une consistance un peu durcie, en commençant par 20 minutes à 190 °C, et en ajoutant plus de temps si besoin, puis étale dessus un coulis de tomate maison ou déjà préparé.
6. Remets le tout au four pendant 10 minutes à la même température.
7. Ajoute un peu de mozzarella et quelques feuilles de basilic juste avant de servir.

Dîner

Salade de chèvre chaud, betterave et noix et velouté de butternut au lait de coco

Salade de chèvre chaud, betterave et noix

TEMPS DE PRÉPARATION : 15 minutes
TEMPS DE CUISSON : 5 minutes

INGRÉDIENTS

- 1 petite betterave, (entre 100 et 150 g)
- 90 g de fromage de chèvre (ou la quantité de ton choix)
- 50 g de salade
- 20 g de noix
- Un peu de miel (optionnel)

Pour la vinaigrette maison :

- 2 cuillères à soupe d'huile d'olive
- 1 cuillère à soupe de vinaigre
- 1 cuillère à café de moutarde
- 1 pincée de sel
- 1 pincée de poivre

1. Préchauffe ton four à 200 °C.
2. Coupe le chèvre en rondelles, mets-le dans un plat, et recouvre-le d'un peu de miel si tu le souhaites.
3. Recouvre le chèvre de papier cuisson, puis mets le tout au four pendant 5 minutes, ou 10 minutes, si tu préfères un résultat plus fondant.
4. Pendant ce temps, coupe la betterave en fines rondelles et mets-la dans un bol, avec la salade.
5. Réalise ta vinaigrette maison dans un autre petit bol en mélangeant l'huile d'olive, le vinaigre, la moutarde, le sel et le poivre, jusqu'à obtenir un résultat homogène. Puis ajoute-la à ta préparation et mélange le tout.
6. Une fois le chèvre chaud sorti du four, ajoute-le au reste de la salade.
7. Saupoudre le tout de cerneaux de noix.

Ta salade est prête à être dégustée !

Velouté de butternut au lait de coco

TEMPS DE PRÉPARATION : 10 minutes
TEMPS DE CUISSON : 20 minutes

INGRÉDIENTS

- 1 petite courge butternut
- 5 cl de *lait* de coco
- 1 pomme de terre de taille moyenne
- 1 Carré Frais
- 10 graines de courge environ
- ½ gousse d'ail
- ½ cuillère à café d'huile d'olive
- Du sel, du poivre, du curry

1. Tranche la courge butternut sur la longueur pour pouvoir enlever les graines.
2. Coupe la pomme de terre en quatre.
3. Fais chauffer de l'eau dans une casserole jusqu'à ébullition.
4. Une fois que c'est fait, mets la courge et la pomme de terre dans la casserole, et laisse cuire pendant 20 minutes à feu moyen.
5. Pendant ce temps, fais revenir une demi-gousse d'ail hachée dans une poêle pendant 2 minutes, avec une demi-cuillère à café d'huile d'olive pour que cela ne colle pas.
6. Récupère la courge cuite et retires-en la peau. Celle-ci se pèle facilement une fois cuite.
7. Ajoute-la, avec la pomme de terre, dans le mixeur.
8. Ajoute également 5 cl de *lait* de coco, un Carré Frais, l'ail, une pincée de sel, de poivre, et de curry.
9. Mixe le tout. Ajoute plus d'épices selon ta préférence.
10. Verse la quantité souhaitée dans un bol, et c'est prêt.

Fromage blanc aux graines de chia

TEMPS DE PRÉPARATION : 5 minutes

INGRÉDIENTS

- 3 cuillères à soupe de fromage blanc
- Des graines de chia
- 1 pomme ou un autre fruit
- Du miel ou du sirop d'agave (optionnel)

1. Dans un petit bol, mélange le fromage blanc avec une grosse cuillère à soupe de graines de chia, ainsi que des petits dés de pomme, ou d'autres fruits de ton choix comme des baies, des framboises, etc.
2. Tu peux également ajouter une cuillère à café de miel ou de sirop d'agave, selon le goût sucré que tu veux apporter à la préparation.

MARDI

PETIT DÉJEUNER

Œufs brouillés

TEMPS DE PRÉPARATION : 5 minutes
TEMPS DE CUISSON : 3 à 5 minutes

INGRÉDIENTS

- 2 œufs
- 1 cuillère à soupe de lait
- 10 g de beurre
- Du sel, du poivre

1. Dans un bol, casse les deux œufs.
2. Ajoute le lait, le sel, et le poivre.
3. Fouette le tout à l'aide d'une fourchette, jusqu'à obtenir un mélange homogène.
4. Fais ensuite fondre le beurre au fond de la poêle.
5. Une fois que le beurre frémit et a bien recouvert toute la surface de la poêle, ajoutes-y la préparation.
6. Laisse cuire le tout en remuant régulièrement pour « casser » les œufs et obtenir l'effet brouillé.

Pour le temps de cuisson, tout dépend de ta préférence : si tu souhaites que tes œufs soient un peu baveux, ne les laisse pas longtemps, par exemple 3 minutes. Si tu les préfères bien cuits, laisse-les plutôt 5 minutes.

Tu peux rendre cette recette un peu plus *fancy* en ajoutant un peu d'emmental râpé dans tes œufs brouillés, des champignons de Paris coupés en lamelles, un peu de persil, etc.

DÉJEUNER

Makis au concombre

TEMPS DE PRÉPARATION : 40 minutes

INGRÉDIENTS

- 100 g de riz rond
- 1 feuille de nori (optionnel)
- ¼ de concombre
- 100 g de saumon frais
- ½ avocat
- Du sel, du poivre
- Des graines de sésame (optionnel)

1. Fais cuire du riz rond selon les indications précisées sur le sachet, puis laisse-le refroidir.
2. Ajoute dans le riz du sel et du poivre. Mélange le tout.
3. Étale le riz sur une feuille de nori ou directement sur une natte en bambou prévue à cet effet.
4. Ajoutes-y des morceaux de concombre, de saumon et d'avocat coupés dans leur longueur.
5. Façonne des petits rouleaux en enroulant la garniture.
6. Si tu n'as pas utilisé de feuille de nori, tu peux ajouter des graines de sésame sur tes makis.
7. Découpe ton rouleau en plusieurs rondelles pour obtenir les fameux makis.

Tu peux utiliser d'autres ingrédients que le saumon et l'avocat, ici j'ai donné ces exemples car j'en suis friande, et tous les aliments « gras » ne sont pas forcément mauvais. Le saumon et l'avocat apportent beaucoup de bons nutriments.

Dessert : une compote de pommes maison ou déjà préparée.

Si tu souhaites la faire, voilà la recette (pour une personne) :

TEMPS DE PRÉPARATION : 10 minutes
TEMPS DE CUISSON : 15 minutes

INGRÉDIENTS

- 2 pommes
- 30 g de sucre

1. Pèle deux pommes et coupe-les en dés fins.
2. Dans une casserole, porte à ébullition un fond de verre d'eau, puis ajoute les dés de pommes, ainsi que le sucre.
3. Fais cuire à feu doux en remuant, jusqu'à obtenir un mélange onctueux, presque liquide.

Tu peux décliner cette recette avec les fruits de ton choix ou ajouter un autre fruit à ta compote de pommes, comme de la poire, de la fraise, etc.

DÎNER

Pomme de terre farcie version végétarienne

TEMPS DE PRÉPARATION : 20 minutes
TEMPS DE CUISSON : 40 minutes

INGRÉDIENTS

- 1 grosse pomme de terre (fonctionne aussi avec un petit potimarron)
- 50 g de champignons de Paris
- ½ oignon
- 30 g de haricots verts frais
- 1 cuillère à café d'huile d'olive
- Un peu de ciboulette
- Un peu de parmesan (optionnel)
- Du sel, du poivre

1. Lave la pomme de terre, puis fais-la cuire dans de l'eau salée portée à ébullition pendant 30 minutes. Tu peux également ajouter les haricots verts dans la même casserole pour gagner du temps, ou alors dans une casserole séparée, en ne les laissant cuire que quinze minutes à ébullition.
2. Pendant ce temps, découpe les champignons de Paris en petites tranches, et la moitié du petit oignon en petits dés.

3. Fais-les revenir dans une poêle avec une cuillère à café d'huile d'olive, une pincée de sel et une pincée de poivre. Réserve-les.
4. Une fois que la pomme de terre est cuite, ouvre-la en deux.
5. À l'aide d'une petite cuillère, creuse la pomme de terre, tout en laissant les contours intacts, pour conserver sa forme.
6. Mélange la garniture de l'intérieur de la pomme de terre avec l'oignon, les champignons et les haricots verts.
7. Répartis le tout dans les deux parties de la pomme de terre.
8. Ajoute par-dessus un peu de ciboulette pour la décoration, et du parmesan en plus si tu préfères.
9. Mets le tout au four pendant 10 minutes en mode grill.

Dessert : un yaourt et deux carrés de chocolat

Mercredi

Petit déjeuner

Smoothie de fruits de ton choix

Partons par exemple sur un smoothie banane-kiwi.

TEMPS DE PRÉPARATION : 10 minutes

INGRÉDIENTS

- 1 banane
- 1 kiwi

1. Épluche une banane et un kiwi, et passe-les dans le mixeur jusqu'à ce que le mélange devienne liquide.
2. Filtre la préparation avec une passoire munie de tout petits trous pour retirer les pépins du kiwi et les morceaux.
3. Mets la préparation dans une bouteille, ferme-la, puis laisse le tout au frigo au moins une heure (tu peux aussi le boire directement si tu n'as pas le temps).

Et voilà, ton smoothie est prêt !

Déjeuner

Pâtes à la sauce brocoli

TEMPS DE PRÉPARATION : 25 minutes

TEMPS DE CUISSON : 15 minutes

INGRÉDIENTS

- 150 g de pâtes
- ½ petit brocoli
- 1 petit oignon
- Un peu de crème légère (optionnel)
- Un filet d'huile d'olive
- Du sel, du poivre

1. Fais cuire les pâtes pendant le temps indiqué sur le sachet, et les brocolis pendant 15 minutes dans l'eau bouillante.
2. Fais revenir l'oignon à la poêle pendant 2-3 minutes.
3. Passe les brocolis et l'oignon au mixeur avec un petit fond d'eau, de bouillon ou de crème légère, ainsi qu'un filet d'huile

d'olive, le sel et le poivre, jusqu'à obtenir un mélange liquide. Il faut que cela ait l'aspect d'une sauce, donc n'ajoute pas trop d'eau dès le départ, il vaut mieux ajuster au fur et à mesure si tu vois que la texture est trop épaisse.

4. Nappe les pâtes de la sauce, et déguste !

Dessert : un fruit au choix

DÎNER

Soupe de légumes et salade

TEMPS DE PRÉPARATION : 15 minutes
TEMPS DE CUISSON : 15 minutes

INGRÉDIENTS

- 1 carotte
- 1 courgette
- 1 pomme de terre
- 3 cl de crème légère (optionnel)
- 1 Carré Frais
- Du sel, du poivre et les épices de ton choix

1. Pèle la carotte, la courgette et la pomme de terre.
2. Découpe-les en petits morceaux.
3. Dépose-les dans une casserole d'eau portée à ébullition, et laisse-les cuire pendant 15 minutes.
4. Passe ensuite les légumes au mixeur, avec la dose d'eau en plus que tu préfères. Plus tu mets d'eau, plus ta soupe aura un aspect bouillon. Au contraire, moins tu en mets, plus elle sera comme un velouté, c'est-à-dire qu'elle sera plus épaisse.
5. Ajoute un peu de crème légère ou un Carré Frais pour donner plus de moelleux à ta soupe si tu la choisis plus veloutée. N'oublie pas également le sel, le poivre et les épices de ton choix. Mixe le tout.
6. Verse la quantité souhaitée dans un bol, et c'est prêt.

Pour la salade, n'hésite pas à ajouter des petits croûtons ou d'autres crudités de ton choix pour la rendre plus gourmande. Cela peut-être des tomates, des carottes râpées, etc.

Dessert : un yaourt

Jeudi

Petit déjeuner

Banana bread

Je te mets les quantités pour quatre personnes, pour que tu puisses en avoir plus si besoin, et en garder pour un autre petit déjeuner ou pour un goûter.

TEMPS DE PRÉPARATION : 15 minutes
TEMPS DE CUISSON : 20 minutes

INGRÉDIENTS

- 1 œuf
- 25 g de cassonade
- 1 banane (bien mûre)
- 65 g de beurre
- ½ sachet de levure chimique
- 100 g de farine
- 75 g de pépites de chocolat

1. Préchauffe ton four à 190 °C.
2. Casse l'œuf dans un saladier. Ajoutes-y la cassonade, et fouette jusqu'à ce que le mélange blanchisse.
3. Épluche ta banane (plus elle est mûre plus on sent le goût), et écrase-la dans un saladier.
4. Fais fondre le beurre dans une casserole ou au micro-ondes.
5. Incorpore la banane écrasée au mélange précédent, et ajoute le beurre fondu, ainsi que la levure chimique et la farine.
6. Mélange le tout jusqu'à obtenir une pâte lisse.
7. Ajoute les pépites de chocolat à la préparation.
8. Verse le mélange dans un moule à cake ou à gâteau.
9. Une fois que ton four est à température, enfourne le gâteau, et laisse-le pendant 20 minutes.

Astuce : une fois les 20 minutes passées, sors ton gâteau et enfonce la pointe d'un couteau dedans. Si elle ressort propre, ton cake est assez cuit. Sinon, laisse-le encore chauffer 5 à 10 minutes.

Déjeuner

Rouleaux de laitue au thon et frites maison

Rouleaux de laitue

TEMPS DE PRÉPARATION : 5 minutes

INGRÉDIENTS

- Des grandes feuilles de laitue
- Du fromage fouetté
- Des carottes râpées
- Du concombre
- Du thon

1. Tartine une grande feuille de laitue d'une fine couche de fromage fouetté.
2. Ajoute par-dessus une couche de carottes râpées, de concombre, et de thon.
3. Façonne ensuite des petits rouleaux bien serrés.

Frites maison au four

TEMPS DE PRÉPARATION : 10 minutes

TEMPS DE CUISSON : 30 minutes

INGRÉDIENTS

- 1 grosse pomme de terre
- De l'huile d'olive
- Du sel, du poivre, du paprika doux (optionnel)

1. Préchauffe ton four à 220 °C, en retirant préalablement ta plaque de cuisson.
2. Nettoie la pomme de terre et épluche-la.
3. Coupe-la en forme de frites fines (pour réduire le temps de cuisson, mais tu peux tout à fait les couper plus épaisses et les laisser plus longtemps au four).
4. Dans un saladier, mets une grosse pincée de sel, une petite pincée de poivre, deux grosses pincées de paprika (ou plus, selon ta préférence), et une cuillère à café d'huile d'olive.
5. Ajoute les frites fraîchement coupées dans le saladier, et mélange le tout.

6. Dispose une feuille de papier sulfurisé sur ta plaque de cuisson, et étale les frites dessus.
7. Mets le tout au four et laisse cuire, toujours à 220 °C, pendant 30 minutes.
8. Pense à retourner les frites à mi-cuisson, c'est-à-dire au bout de 15 minutes.

Dessert : un fruit de ton choix, comme une banane, une pomme, etc.

Dîner

Tarte aux légumes

TEMPS DE PRÉPARATION : 25 minutes
TEMPS DE CUISSON : 30 minutes

INGRÉDIENTS

- 1 pâte feuilletée
- 1 courgette
- 1 carotte
- 1 petite boîte de champignons de Paris, ou quatre gros champignons de Paris frais
- 1 oignon
- 1 tomate
- De la moutarde
- 3 ou 4 Carrés Frais
- Du sel et du poivre
- Du parmesan ou de l'emmental (optionnel)

1. Préchauffe la pâte feuilletée au four à 200 °C pendant 10 minutes, en ayant préalablement fait quelques trous dedans avec une fourchette. Je préfère la préchauffer car je la trouve meilleure et mieux cuite à la dégustation.
2. Pendant ce temps, coupe une courgette, une carotte et quelques champignons de Paris en très fines tranches. Cela permet de diminuer le temps de cuisson et que les légumes n'aient pas un goût cru. Laisse-les de côté.
3. Découpe un oignon en dés très fins, et fais-le revenir à la poêle pendant 2 minutes à feu moyen.

4. Une fois que la pâte est préchauffée, sors-la du four et étale de la moutarde partout dessus.
5. Étale les tranches de courgette, de carottes et de champignons dessus, de façon uniforme.
6. Ajoute une tomate préalablement découpée en fines tranches, dont tu auras retiré la pulpe, pour qu'à la cuisson la tarte ne baigne dans l'eau.
7. Ajoute également quelques morceaux de Carré Frais pour donner de l'onctuosité au tout. Tu peux également ajouter un peu d'emmental ou de parmesan, selon ta préférence
8. Ajoute le sel et le poivre.
9. Fais cuire la tarte à 200 °C pendant 20 minutes au four.

Tu peux également ajouter du thon en boîte dans la tarte si tu souhaites l'étoffer et ajouter une source de protéine.

Dessert : un yaourt

Vendredi

Petit déjeuner

Granola, baies et fromage blanc

Pour réaliser un grand bocal de granola, qui te durera longtemps.

TEMPS DE PRÉPARATION : 10 minutes
TEMPS DE CUISSON : 20 minutes

INGRÉDIENTS

- 300 g de flocons d'avoine
- 100 g d'amandes
- 100 g de noisettes
- 100 g de pépites de chocolat noir
- 4 cuillères à soupe de miel, de sirop d'agave ou de sirop d'érable
- 1 cuillère à soupe d'huile de coco

1. Préchauffe ton four à 190 °C.
2. Concasse les amandes et les noisettes.
3. Dans un bol, mélange les oléagineux concassés avec les flocons d'avoine.
4. Ajoute par-dessus une cuillère à soupe d'huile de coco.
5. Mélange le tout.
6. Étale la préparation sur une feuille de papier sulfurisé, préalablement posée sur la plaque de cuisson de ton four.
7. Enfourne pendant 20 minutes, puis, à la fin de la cuisson, ajoute par-dessus le miel, le sirop d'agave ou le sirop d'érable.
8. Une fois le granola refroidi, tu peux ajouter les pépites de chocolat.
9. Tu n'as plus qu'à casser des petits morceaux de ton granola et à tout mettre dans ton bocal.

J'ai donné les exemples des amandes et des noisettes, mais tu peux ajouter ce que tu préfères à ton granola, et varier en mettant des noix de pécan, des noix, des noix de macadamia, des cranberries, etc.
Lorsque tu souhaites en manger pour le petit déjeuner, tu peux mélanger deux cuillères à soupe de granola avec trois cuillères à soupe de fromage blanc et quelques baies par exemple. Tu peux bien entendu augmenter les doses selon tes envies et ta faim.

DÉJEUNER

Houmous maison et wrap au poulet

Houmous maison

TEMPS DE PRÉPARATION : 10 minutes

INGRÉDIENTS

- 100 g de pois chiches
- ¼ de citron
- ½ gousse d'ail
- 1 cuillère à soupe d'huile d'olive
- 1 cuillère à soupe d'huile de sésame
- Du sel, du poivre

1. Mélange dans ton mixeur les pois chiches, la demi-gousse d'ail épluchée, l'huile de sésame, l'huile d'olive, le citron pressé pour obtenir son jus, le sel et le poivre.
2. Mixe le tout jusqu'à obtenir une texture similaire à celle de la purée.
3. C'est déjà prêt, tu n'as plus qu'à le déguster avec du pain pita ou celui de ton choix.

Wrap au poulet

TEMPS DE PRÉPARATION : 15 minutes
TEMPS DE CUISSON : 4 minutes

INGRÉDIENTS

- 1 tortilla de blé
- ½ escalope de poulet
- 20 g de pousses d'épinards
- 1 tomate
- 2 cuillères à café de yaourt grec
- ½ cuillère à café de jus de citron

1. Découpe l'escalope de poulet en fines lamelles.
2. Fais-les chauffer dans une poêle pendant 4 minutes avec une cuillère à café d'huile d'olive.
3. Laisse-les ensuite refroidir.
4. Pendant ce temps, étale la tortilla.
5. À l'aide d'un couteau ou d'une paire de ciseaux, fais une entaille dans la tortilla depuis le milieu, jusque vers toi.
6. Ajoute sur un quart de ta tortilla les lamelles de poulet, sur un autre quart les pousses d'épinards, sur un autre quart la tomate coupée en rondelles, et enfin, sur le dernier quart, le yaourt grec (que tu auras

préalablement mélangé avec la demi-cuillère à café de jus de citron), le tout, en laissant à chaque fois un petit espace entre tous les quarts.

7. Tu n'as maintenant plus qu'à replier la tortilla sur elle-même, en prenant d'abord une des extrémités qui a été coupée, pour la replier sur le quart qui se trouve juste à côté (pas celui incisé, l'autre), et à répéter l'opération jusqu'à ce que tu obtiennes un triangle. Cette façon de plier est plus pratique pour la dégustation que le traditionnel rouleau.

Je te propose ici une version froide, mais tu peux également choisir de la déguster chaude.

Dessert : un fruit de ton choix

DÎNER

Galette de pommes de terre aux poireaux

TEMPS DE PRÉPARATION : 15 minutes
TEMPS DE CUISSON : 25 minutes

INGRÉDIENTS

- 1 grosse pomme de terre
- 1 poireau (100 g environ)
- 1 œuf
- 10 g de parmesan
- 1 cuillère à soupe de farine
- 1 cuillère à café d'huile d'olive
- Du sel, du poivre

1. Lave la pomme de terre, épluche-la et coupe-la en petits morceaux.
2. Lave le poireau, et émince-le finement.
3. Fais bouillir de l'eau avec un peu de sel, et plonge les morceaux de pomme de terre et de poireaux dedans pendant 15 minutes.

4. Une fois le tout cuit, écrase et mélange la pomme de terre et les morceaux de poireaux dans un bol
5. Mets-la ensuite dans un bol, et ajoutes-y l'œuf, le parmesan, la farine une pincée de sel, une de poivre, une cuillère à café d'huile d'olive.
6. Mélange le tout et, avec tes mains, donne-lui la forme d'une boule.
7. Dans une poêle chaude, pose la boule et aplatis-la comme une galette à l'aide d'une spatule.
8. Fais chauffer chaque face de la galette pendant 5 minutes.

Dessert : une compote de pommes et deux carrés de chocolat

Samedi

Petit déjeuner

Salade de fruits

TEMPS DE PRÉPARATION : 10 minutes

INGRÉDIENTS

- 1 pomme
- 1 banane
- 1 orange
- 1 kiwi
- 1 cuillère à café de jus de citron
- 10 g de sucre en poudre

1. Découpe chaque fruit en petits morceaux et mets-les dans un saladier.
2. Mélange les fruits avec une cuillère à café de jus de citron, et le sucre en poudre.

Pour varier, tu peux également ajouter un peu de vanille en poudre, en gousse ou en extrait.

Déjeuner

Toasts de concombres au thon, ratatouille maison et riz

Toasts de concombre :

TEMPS DE PRÉPARATION : 10 minutes

INGRÉDIENTS

- ¼ de concombre
- 1 petite boîte de thon (environ 100 g)
- 90 g de fromage fouetté
- 1 cuillère à café de jus de citron
- Du sel, du poivre

1. Épluche le concombre, et coupe-le en rondelles. Attention à ce qu'elles ne soient pas trop fines.
2. Dans un bol, mélange une petite boîte de thon, le fromage fouetté, et une cuillère à café de jus de citron et une pincée de sel et de poivre.
3. À l'aide d'une petite cuillère, dépose un peu de préparation sur chaque rondelle de concombre, comme si c'étaient des toasts.

Ratatouille :

TEMPS DE PRÉPARATION : 15 minutes
TEMPS DE CUISSON : 20 minutes

INGRÉDIENTS

- 1 petite courgette
- 1 tomate
- 1 petite aubergine
- 1 oignon
- ½ carotte
- 1 gousse d'ail
- 1 cuillère à soupe d'huile d'olive
- Du sel, du poivre, des herbes de Provence

1. Coupe tous les légumes en petits morceaux, et cisèle la gousse d'ail.
2. Dans une poêle, fais chauffer l'huile d'olive, et ajoutes-y les légumes, l'ail, une pincée de sel, une pincée de poivre, et un peu d'herbes de Provence.

3. Mélange le tout.
4. Couvre la poêle avec un couvercle, et laisse chauffer la préparation pendant 20 minutes, en remuant de temps en temps.

Tu peux accompagner cette préparation avec du riz par exemple.

Dessert : un fruit de ton choix

Dîner

Bouillon de légumes et nouilles chinoises

TEMPS DE PRÉPARATION : 10 minutes
TEMPS DE CUISSON : 13 minutes

INGRÉDIENTS

- ¼ d'un petit poireau
- ½ carotte
- Quelques fèves d'edamame
- 100 g de filet de poulet ou de bœuf
- 1 paquet de pâtes chinoises
- Du sel, du poivre

1. Fais bouillir de l'eau.
2. Coupe les légumes et le morceau de poulet ou de bœuf en fines lamelles.
3. Plonge le tout dans l'eau salée, et ajoute une pincée de poivre.
4. Laisse cuire pendant 10 minutes.
5. Ajoute les nouilles et laisse cuire 3 minutes de plus.

Dessert : un yaourt et deux carrés de chocolat

Dimanche

Mange ce que tu souhaites sans te sentir coupable !

Mange en pleine conscience

La pleine conscience peut t'aider dans ton rapport à la nourriture.

La pleine conscience, c'est le fait d'être complètement dans le moment présent, en étant consciente de tout.

Concernant l'alimentation, il va s'agir d'être consciente de ce que tu avales, au lieu de le faire machinalement comme on peut en avoir l'habitude. Le but est de laisser le temps à ton cerveau de conscientiser le fait qu'il mange, de profiter du goût, et d'être à l'écoute de ton sentiment de satiété.

Comment procéder ?

Tout d'abord, on évite les distractions : manger devant la télé, par exemple, déconcentre.

Au contraire, on se recentre, on prend le temps de deux ou trois respirations pour s'ancrer dans le moment présent. Ensuite, on observe ce qu'on a préparé : les couleurs, la présentation, les formes.

Vient ensuite le moment de goûter. On s'ouvre alors à l'odeur, aux saveurs, à la sensation que l'on éprouve. On prend le temps de bien mâcher pour profiter de chaque bouchée. On s'arrête lorsque le corps envoie un signal de satiété. On prend alors quelques secondes pour apprécier ce qu'on vient de manger, pour être reconnaissante.

C'est comme un petit rituel, finalement. On s'ancre dans le moment présent et on se réaligne avec son être pendant quelques minutes. Tout va un peu plus lentement, mais on s'habitue vite à cette lenteur délibérée.

Manger devient alors un moment de plaisir privilégié, un moment à soi.

Concentre-toi sur tes sensations plutôt que sur ton apparence

Écoute ton corps quand il chuchote et tu n'auras pas à l'entendre crier.

Notre corps n'est pas qu'une silhouette, une apparence. C'est une machine complexe qui, si nous en prenons soin, nous le rend au centuple.

Certaines personnes ont des routines de vie, pour intégrer ce soin du corps dans leur quotidien. On peut penser qu'adopter ce type de routines n'est pas facile, qu'il faut du temps, de l'énergie, ou même de l'argent — dont on ne dispose pas forcément. Mais adopter le rythme de vie qui nous permet de remettre les sensations et la bonne énergie, plutôt que l'apparence, au cœur de notre vie n'est pas si compliqué. Cela peut passer par de petites rectifications, ou de petits gestes au quotidien.

Les domaines qu'il faut particulièrement surveiller sont l'alimentation — on vient de le voir —, le sommeil, et l'activité physique. Il s'agit de se créer un bon état d'esprit, pour favoriser la confiance en soi et le bien-être physique.

ÉCOUTE TON CORPS : SOIS CONSCIENTE DE SES SIGNAUX

Tu peux l'interroger tout au long de la journée : en te réveillant, avant ou après un repas, ou encore avant d'aller te coucher.

De cette façon, tu pourras déterminer si tes sensations sont plus ou moins bonnes, et rectifier le tir si nécessaire.

PRENDS LE TEMPS DE RALENTIR

Prends quelques minutes dans la journée pour faire le vide, pour te concentrer uniquement sur ton corps en tant que tel.

Que ressens-tu ?

Une fois que tu as répondu à cette question, à toi de faire en sorte de donner à ton corps ce dont il a besoin.

NE LUTTE PAS CONTRE LE SOMMEIL

Ne résiste pas, le soir, quand tu sens que tes paupières sont lourdes. Si tu respectes ce signal que t'envoie ton corps, ton sommeil sera de meilleure qualité. Par la suite, ton teint sera plus frais, tu auras une mine visiblement plus reposée.

ÉVITE DE GRIGNOTER EN DEHORS DES REPAS

Tu as faim lorsque tu t'ennuies, mais en mangeant tu ne te sens finalement pas mieux qu'avant ? Tu éprouves peut-être de la tristesse ou du stress.

Essaie de travailler sur la source du problème pour éviter ce genre de réaction. Le grignotage compulsif peut être la conséquence d'un trauma, d'une source de stress, d'une difficulté rencontrée. Si tu vois que cela peut avoir une incidence sur ta vie et que tu as du mal à gérer le problème seule, n'hésite pas à aller voir un(e) spécialiste, qui pourra t'aider à te reconnecter à tes émotions — car souvent, ce sont ces dernières que tu manges. Il ne faut bien sûr pas confondre cela avec de la gourmandise. Ce n'est pas grave de grignoter de temps en temps, laissons-nous vivre. Mais cette tendance peut aussi signifier que tu as faim car tu ne manges tout simplement pas assez pendant les repas. Si c'est le cas, réfléchis à augmenter un peu tes portions.

Défoule-toi

Tu éprouves le besoin d'évacuer un trop-plein d'énergie ou d'émotions ? De ressentir ton corps ? D'en prendre plus conscience ?

Plusieurs activités sont à ta portée.

Le yoga

Le yoga est une pratique millénaire qui englobe des postures physiques, la méditation et la respiration pour harmoniser le lien entre le corps et l'esprit.

Il aide à prendre conscience du corps, à se reposer l'esprit, et à développer la souplesse.

Comment ?

La prise de conscience du corps s'effectue grâce à la respiration, qui se veut consciente, et par l'exploration des sensations corporelles grâce à la concentration sur les mouvements et à l'écoute des signaux du corps. Le repos de l'esprit est permis par la présence dans l'instant présent, du fait qu'on se concentre sur ses sensations plutôt que sur ses pensées. La souplesse, elle, peut se faire grâce aux postures qui ciblent différents groupes musculaires, afin de libérer les tensions et de se renforcer de l'intérieur.

En pratiquant le yoga, on ressent en général des bienfaits comme une réduction du stress, une meilleure concentration, et une meilleure tenue du corps avec moins de douleurs, ce qui ne peut être que bénéfique dans notre vie quotidienne.

Le chant

On n'y pense pas assez, c'est pourtant une superbe activité pour exprimer ta voix intérieure et te sentir te déployer physiquement. Si tu veux te lancer dans cet exercice, je te conseille d'abord de trouver un endroit où tu pourras chanter librement sans être dérangée.

Inspire profondément, retiens ton souffle pendant cinq secondes, et expire.

Fais-le cinq fois, pour commencer à ouvrir ton souffle et tes poumons.

Échauffe ta voix en passant d'une octave à l'autre, en faisant des sons de plus en plus aigus puis de plus en plus graves. Tu peux partir sur le classique « a, e, i, o, u », ou encore « *do, ré, mi, fa, sol, la, si, do* ».

Ferme les yeux et concentre-toi sur ta voix intérieure. Imagine que celle-ci est comme une énergie qui t'enveloppe.

Continue ton chant en faisant des sons libres cette fois-ci. Cela n'a pas à faire sens. Choisis une émotion que tu souhaites exprimer à travers ta voix, comme la joie, l'amour, la puissance, etc. et laisse les sons sortir tout seuls.

Ressens chaque son et chaque intensité de ta voix.

Cette concentration sur ta voix intérieure va t'aider à libérer les tensions qui t'habitent, et à te déployer.

Ressens l'énergie qui émane de toi. Elle est puissante, et c'est toi qui la produis.

Termine l'exercice quand tu le sens, par une minute de respiration profonde, pour te remettre de tes émotions.

La respiration profonde

Tu peux t'en servir partout, tout le temps.

Je viens de te donner un exemple de son utilisation à travers le chant, mais tu peux la pratiquer seule.

Cette technique augmente le taux d'oxygène dans le sang, réduit ton anxiété et, physiquement, t'aide à améliorer ta posture : tu te sens ensuite mieux et plus « grande ».

Si tu souhaites faire une petite session, il te suffit pour commencer de te poser dans un endroit calme.

Assieds-toi, pose une main sur ton abdomen, et l'autre sur ta poitrine.

Ferme les yeux, et prends cinq longues inspirations par le nez, et expire cinq fois, lentement, par la bouche.

Prends le temps de ressentir l'oxygène qui entre et qui sort.

Essaie de prolonger l'inspiration et l'expiration au fur et à mesure des respirations.

Quand tu te sens prête à mettre fin à l'exercice, prends une minute pour retrouver une respiration normale. Profites-en pour remarquer l'état de détente et de calme dans lequel tu te trouves.

La « danse des sensations »

Il s'agit d'une activité de pleine conscience. Elle consiste à se servir de la danse comme d'un moyen de se connecter à soi-même : à son enveloppe corporelle, et à ce que l'on ressent.

Elle peut t'aider à entretenir une meilleure relation avec ton corps, tout en t'ancrant dans le moment présent.

- Enfile des vêtements dans lesquels tu te sens à l'aise, libre de tous tes mouvements.
- Choisis un endroit où tu peux être seule et au calme et dans lequel tu as suffisamment d'espace.
- Mets une musique de ton choix, de préférence pas trop rythmée.
- Laisse ton corps s'exprimer librement sur la musique qui résonne.
- Pour amplifier l'expérience, tu peux fermer les yeux ; cela t'aidera à te concentrer sur tes sensations.
- Sois attentive à tes gestes, et à la façon dont l'énergie circule à travers ton corps. Connecte-toi à tes émotions, accueille-les, et adapte tes mouvements en conséquence.

Ne te juge pas, il n'y a que toi dans la pièce ! Tu fais une activité qui t'aide à te connecter à toi-même, cela fait partie du cheminement vers l'acceptation de soi, tu peux en être fière. ☺

Les moyens de te concentrer sur ce dont ton corps a besoin sont multiples. Simplement faire des choses que tu aimes, dans ta vie et au quotidien, guérit beaucoup de maux que tu ne soupçonnes pas forcément.

En écoutant tes sensations, tu n'obtiendras que des bénéfices. Quelques changements physiques interviendront probablement rapidement.

Car le bien-être, ça se ressent à l'intérieur, et ça se voit à l'extérieur !

APPLIQUE AUX AUTRES LES PRINCIPES QUE TU T'APPLIQUES À TOI-MÊME

Petit rappel général qui fait toujours du bien : dans cette période de concentration sur soi, n'oublions pas que d'autres personnes peuvent aussi être dans ce cheminement.

Qu'on soit en bonne ou en moins bonne santé, c'est un exercice qui peut être plus ou moins long à mettre en place. Évitons de juger sur une apparence physique, remettons tout en perspective.

Une personne assez mince ou ronde n'est pas forcément en mauvaise santé. On peut avoir des rondeurs tout en étant sportive, et on peut avoir une silhouette plutôt mince malgré que l'on fasse du sport. L'inverse peut être vrai, mais, dans tous les cas, chacun a le droit d'exister tel qu'il est.

Certaines phrases comme « Tu t'assumes, c'est bien » ou même « Tu as perdu du poids, ça te va mieux » ne partent souvent pas d'un mauvais sentiment, mais elles contribuent à banaliser l'« attente » intériorisée d'un certain physique. C'est de ça qu'il faut se débarrasser, pour célébrer chaque type de corps.

De plus, la personne en question sait très bien à quoi elle ressemble, pas besoin d'émettre un jugement ou de faire des remarques. Seul son médecin est en mesure de lui dire s'il y a un risque pour sa santé.

Entoure-toi bien pour te motiver

L'acceptation et l'estime de soi sont un cercle vertueux :

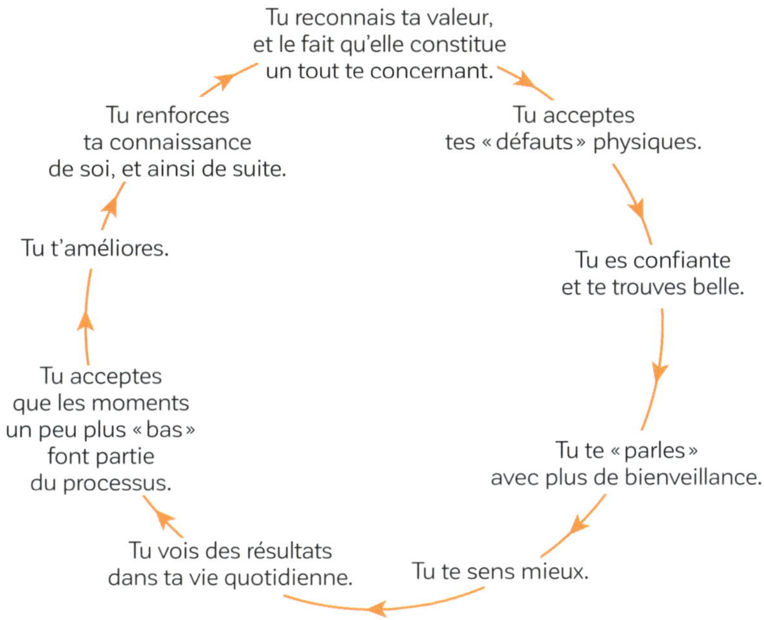

Apprends à faire face aux critiques

Les critiques font partie intégrante de la vie. Mais elles peuvent t'affecter et toucher tes choix de vie si elles sont trop présentes.

Elles peuvent émaner de tes proches, mais aussi de personnes que tu ne connais pas forcément, sur les réseaux sociaux, par exemple.

Les réseaux sociaux

Prenons l'exemple de femmes qui postent des photos d'elles parce qu'elles se trouvent jolies ou parce qu'elles veulent juste partager un moment de vie sympa sur Instagram, et qui reçoivent des jugements du type « Tu pourrais manger un peu plus », « Tu es grosse, tu devrais te mettre au sport », etc.

Toutes les tailles et morphologies peuvent susciter ce genre de commentaire. Cela arrive beaucoup plus souvent qu'on ne le pense, surtout quand on a un compte public.

Ces femmes se font donc critiquer par des personnes qui ne les ont jamais vues en vrai. Cela peut ruiner une estime de soi encore fragile en quelques secondes.

Si cela t'arrive, garde en tête ces réflexions :

- En quoi une critique facile et malveillante d'un(e) inconnu(e) devrait-elle diriger la vie que tu mènes au quotidien avec toi-même et dans ton propre corps ?
- En imposant des commentaires de ce type (car, oui, ils sont imposés, dans le sens où ils ne sont jamais demandés), ces personnes font juste l'étalage de leurs propres insécurités et de leur peur de se faire rejeter. Ça fait plus de peine pour elles qu'autre chose, tu ne trouves pas ?

L'entourage

Les réflexions qui affectent peuvent aussi émaner de tes proches.

L'entourage est très important pour te sentir épanouie et pour réussir dans ta quête d'acceptation.

Car si la positivité est contagieuse, la négativité l'est encore plus.

Comment avancer et te sentir heureuse si tu te reçois sans cesse des remarques et des critiques ?

Comment apprendre à aimer ton corps si les gens qui t'entourent te rabaissent régulièrement, sont dans une spirale de rejet d'eux-mêmes, et donc des autres ?

Tu peux certes travailler sur ta réaction face à ces remarques. Mais même si tu en es à ce stade (ce qui t'aura demandé de l'entraînement), tu es humaine, tu as des sentiments et ne peux pas être à 100 % hermétique à ce que tu entends.

Tout dépend de la manière dont la remarque est émise, et de comment tu la ressens.

En règle générale, peu importe le milieu et les situations, ne garde que les critiques constructives, fondées sur une volonté d'amélioration et partagées avec bienveillance.

Si tes proches ont la critique facile, ou que tu ne te sens pas assez valorisée dans ta quête d'amour de toi-même, sache que la plupart du temps ils ne souhaitent pas être vexants ou te mettre des bâtons dans les roues. Ils peuvent simplement ne pas toujours se rendre compte du fait qu'ils ont intériorisé certaines attitudes qui ne sont pas forcément adaptées à la personne que tu souhaites devenir.

Dans un premier temps, pour savoir comment réagir aux critiques, qui peuvent représenter un vrai défi émotionnel selon les situations lorsqu'elles proviennent de proches, prends du recul.

Si tu le peux, évite de réagir à chaud, car ta réaction sera dictée par tes émotions, et tu seras moins en mesure de comprendre la critique de façon objective.

Écoute le discours qui est formulé par la personne en face de toi, en gardant en tête la possibilité de le prendre de façon constructive. Si ce n'est pas clair pour toi, n'hésite pas à demander une clarification des propos. Pourquoi est-ce que cette critique est énoncée ? Est-ce que cela fait suite à un événement particulier ? Tu éviteras ainsi le plus de confusion possible, et tu seras ensuite plus à même de fournir une réponse claire.

Garde en tête que, bien souvent, la remarque porte sur un comportement, pas sur la personne que tu es. Si par exemple on te dit « Tu fais n'importe quoi, tu te précipites », ça ne veut pas dire que tu es quelqu'un d'irréfléchi ou de mauvais, mais qu'il y a une incompréhension face à une action que tu as faite. Peut-être que cette réaction n'est finalement qu'une démonstration des limites de la personne qui la formule, car elle-même n'a jamais été confrontée à cela ou n'imagine pas qu'on puisse réagir de la façon dont tu l'as fait. Il est aussi possible que cette personne pense que tu pourrais agir autrement car, grâce à son expérience, elle peut alors te conseiller pour que tu prennes ensuite les meilleures décisions possibles.

Une fois la critique exprimée clairement, essaie d'ouvrir le dialogue : parle de ton travail sur toi-même, de ce qui t'a poussée à le faire, de ce que cela t'apporte et de ce que tu souhaites obtenir à l'arrivée. Explique à tes proches que leur soutien serait un gros plus, te permettrait d'atteindre tes objectifs plus rapidement et plus sereinement.

Tu pourrais être positivement étonnée. En voyant ce que cela t'apporte, certains d'entre eux pourraient même décider de t'accompagner dans ton cheminement en commençant eux aussi un travail sur eux-mêmes, pour parvenir à une bonne dynamique de soutien et de bien-être général!

Si au contraire ils ne comprennent pas, fais ton travail de ton côté, en essayant de compartimenter, pour rester le plus concentrée possible.

Et si vraiment tu sens que ton entourage te ralentit en étant juste dans une démarche de critique infondée et/ou non bienveillante — car il arrive que des proches ne souhaitent pas forcément le meilleur pour nous —, cela peut valoir la peine de t'éloigner quelque temps, physiquement et mentalement, pour te consacrer à ton projet. Cela peut accélérer les choses de manière significative, et, quand tu reviendras, tu te sentiras mieux, plus forte qu'avant, et tu seras dans une dynamique positive.

Jim Rohn, entrepreneur américain et célèbre coach en développement personnel, affirme que « nous sommes la moyenne des cinq personnes que nous fréquentons le plus ». Cela signifie que si les cinq personnes qui te sont le plus proches s'apitoient, se dénigrent ou dénigrent les autres, ou se complaisent dans une attitude et une façon de penser pessimistes, tu vas avoir tendance à adopter, toi aussi, ces comportements, parfois même sans t'en rendre compte. Au minimum, cela peut imposer des barrières à ton développement, t'empêcher d'aller plus loin.

Inversement, si tu es entourée de personnes qui soutiennent les autres, sont optimistes et bienveillantes, tu vas avoir encore plus de motivation pour atteindre ou conserver cet idéal, et tu vas très rapidement te sentir mieux.

Privilégie l'amour inconditionnel envers toi-même, et prends celui des autres comme du bonus.

IDÉE : ADRESSE-TOI DES COMPLIMENTS ET DES ENCOURAGEMENTS

Pour te donner chaque jour un peu d'amour à toi-même, tu peux mettre en place des notifications sur ton téléphone, avec des phrases de motivation et de bienveillance. Il te suffit d'une heure pour programmer une notification par jour pendant un mois. Tu commenceras ainsi chaque journée avec une petite auto-attention, cela favorisera ta bonne humeur pour la journée.

Tu es ta meilleure amie, ta meilleure alliée, alors commence déjà par t'envoyer toi-même des bonnes ondes ! Ce sera une base, et la motivation que tu recevras éventuellement de ton entourage sera du plus.

Voici quelques exemples, que tu peux d'ores et déjà programmer pour les prochains jours :

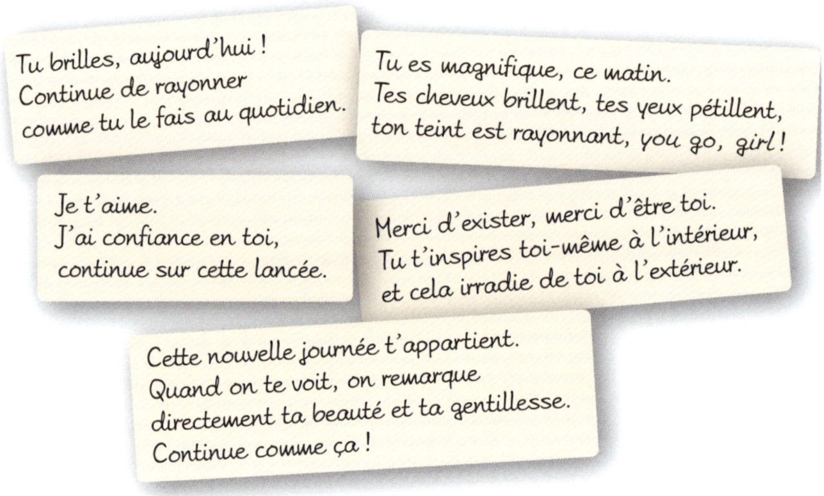

EXERCICE Remercie ton corps

En clôture de ce chapitre, je t'invite à remercier ton corps, comme si tu parlais à ton ou ta meilleur(e) ami(e).

Au centre de la silhouette ci-dessous, colle une photo récente de toi.

Autour de cette photo, remplis l'espace de phrases de remerciement envers ton corps, en mentionnant des exemples pour :

- Ce qu'il fait pour toi au quotidien.
- Les épreuves qu'il t'a aidée à surmonter.
- Les choses qu'il te permet de faire dans ta vie.
- Les sensations qu'il te fait éprouver.
- Le fait qu'il est toujours là pour toi.

Je t'en ai mis quelques-uns pour te mettre sur la voie.

Écoute ton cœur pour écrire ces phrases, et signe en dessous de ton prénom.

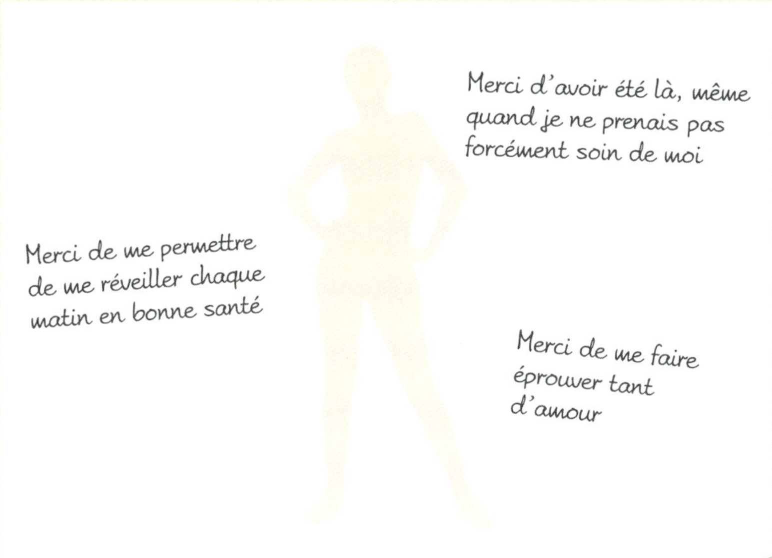

Par un malencontreux jour « sans », tu pourras relire ces phrases, qui te rappelleront la reconnaissance et l'amour que tu peux éprouver pour ton corps.

REPRENDS LE POUVOIR SUR TES RELATIONS

Évite la comparaison sociale

Éviter la comparaison sociale n'est pas évident, car ce comportement est très ancré en chacune de nous.

Cependant, ce n'est pas forcément quelque chose de négatif : on peut s'en servir pour se dire « Tiens, cette personne a fait telle chose, c'est super, voyons comment je pourrais moi aussi y arriver ». Ce que les autres accomplissent peut être une véritable source d'inspiration !

Là où la comparaison sociale commence à poser problème, par contre, c'est quand elle conduit à placer d'autres personnes au-dessus de soi, quand on se diminue soi-même. Elle peut alors avoir un impact sur son bien-être émotionnel et mental.

Dans ce cas, se dévaloriser peut amener à ne pas porter son attention sur son propre parcours, et donc à se retrouver bloquée sur son chemin de vie.

Si cela t'arrive, si tu as tendance à te sous-estimer, garde à l'esprit que chaque personne sur cette Terre a sa propre personnalité, sa propre histoire, et fait ses propres choix. Chaque personne parcourt son chemin de vie, par étapes plus ou moins longues.

Tu ne peux pas comparer ton chapitre 1 au chapitre 10 de quelqu'un d'autre.

Chez les personnes qu'on peut parfois envier, on ne distingue souvent que les paillettes, la réussite, la partie visible de l'iceberg. Mais ces personnes sont généralement, elles aussi, passées par des moments difficiles, avant d'arriver là où elles sont aujourd'hui. Et elles vivront encore des difficultés tout au long de leur chemin de vie, car réussir ne protège pas du négatif.

La vie n'est pas un long fleuve tranquille, mais on grandit et on évolue sans cesse au fil de ces étapes.

Voici quelques exemples :

- « Je n'ai pas échoué. J'ai simplement trouvé dix mille solutions qui ne fonctionnent pas » : Thomas Edison n'a pas inventé l'ampoule à filament sur un simple coup de génie !
- J. K. Rowling s'est vu refuser *Harry Potter* par plus d'une dizaine d'éditeurs avant qu'il y en ait un qui lui donne sa chance.
- Walt Disney s'est fait renvoyer de son premier job de rédacteur pour « manque d'imagination et de bonnes idées »... Par la suite, il a aussi dû fermer plusieurs des entreprises qu'il a créées. Il n'a pourtant pas abandonné, et nous savons tous où cette volonté l'a mené.
- La recette de poulet frit de Colonel Sanders a été rejetée des centaines de fois avant qu'il fonde la chaîne KFC et connaisse le succès, à l'âge de 56 ans.

Il peut également s'agir de célébrités actuelles, qui ont beaucoup de succès, mais ne se permettent que rarement des pauses, pour toujours être au top. Il peut s'agir d'entrepreneuses à qui tout réussit maintenant, mais qui ont auparavant passé des années à travailler sur leur entreprise, en partant du bas de l'échelle.

On peut aussi envier des personnes que l'on côtoie, car on souhaiterait avoir la même assurance, la même beauté, la même intelligence, etc. Or ces personnes-là peuvent aussi complexer par moments et ne pas forcément voir leurs propres qualités...

Trois étapes pour résister à la tentation de te comparer

Prends conscience des effets négatifs de la comparaison

Lorsque tu te surprends à te comparer, rappelle-toi ce que nous venons de dire, au-dessus. Prends du recul sur ce processus de comparaison : qu'est-ce que cela t'apporte ? Des émotions négatives ? Si oui, lesquelles ? De la frustration, de la perte de confiance en toi, de la jalousie, du découragement ?...

Si te comparer ne t'apporte que du négatif, te mène plus à te dévaloriser qu'à t'inspirer et à te donner la motivation de te dépasser, alors c'est inutile.

Ce temps que tu prends à te comparer, tu ne le prends pas pour évoluer toi-même.

Prends conscience de ta propre valeur

Tu es une personne à part entière. Comme tout le monde, tu as des valeurs, des besoins, des objectifs, des envies. Prends le temps de les identifier.

Ne minimise pas la personne que tu es ni tes aspirations.

Tu as pleinement le droit d'exister comme tu es. Les autres le font, alors pourquoi cela te serait-il interdit ?

Une fois que tu te rends compte de ta valeur, tu parviens mieux à **ne pas accepter moins que ce que tu mérites.** Tu te sens plus en phase avec toi-même, tu as une meilleure connaissance de toi, donc tu as moins tendance à te comparer aux autres.

Crée ta propre échelle de succès

Pour te rendre compte de ce que tu vaux, tu peux prendre quelques minutes pour déterminer quels sont tes objectifs, tes valeurs, tes envies.

Fais abstraction des injonctions sociétales, et de ce que tu penses que les autres attendent de toi : qu'est-ce que tu veux, toi ? Qui es-tu réellement à l'intérieur ?

Une fois que tu auras répondu à ces questions noir sur blanc, tout paraîtra plus clair, et il te sera plus facile de **faire des choix de vie en gardant une ligne directrice qui te convient personnellement.** Tu verras, tu te compareras moins, tu te sentiras plus sereine et heureuse.

Occupe-toi de ta flamme !

Il y a une image mentale que j'aime beaucoup. Elle représente bien le cheminement d'acceptation de soi.

Imagine que tu as une petite flamme à l'intérieur de toi.

Cette flamme représente ce que tu as au plus profond de toi.

Chaque fois que tu fais quelque chose qui t'apporte du positif, que ce soit personnellement ou professionnellement, cette flamme grandit.

Chacun a une petite flamme.

Les personnes qui se concentrent sur elles-mêmes peuvent la voir grandir jour après jour, alors que celles qui sont trop occupées à se comparer ne prennent pas le temps de l'entretenir, si bien qu'elle peut demeurer petite un bon bout de temps !

Chaque flamme est unique, voilà pourquoi il faut que tu apprennes à nourrir la tienne, à la faire évoluer. En te concentrant sur toi-même et en croyant en toi, tu iras beaucoup plus vite.

La comparaison te détourne de qui tu es, de tes qualités, et de tes objectifs. Sois consciente de tout le bien qu'il y a en toi, de ton potentiel, et ne te laisse pas distraire.

EXERCICE L'arbre de la réussite

Cet exercice peut te permettre de prendre conscience de tes réalisations personnelles et de te valoriser à partir d'elles.

Complète l'arbre ci-dessous ou dessine le tien si tu préfères : le tronc, puis plusieurs branches.

Sur chaque branche, écris une de tes réalisations.

Ces réalisations peuvent être aussi bien « J'ai aidé mon amie à aller mieux à tel moment, quand elle avait besoin de moi » que « J'ai obtenu le poste que je souhaitais », ou encore « J'ai osé dire non dans telles circonstances sans culpabiliser ».

Au fur et à mesure que tu décris ces choses que tu as faites, prends le temps de te concentrer dessus, pour ressentir de la fierté.

De la même façon, je te conseille de noter dans le petit carnet que tu gardes toujours sur toi, à la fin de chaque journée, une à trois réalisations positives dont tu es fière.

À la fin de l'année, tu pourras relire ces notes, et tu te rendras plus facilement compte de toutes les choses positives qui te sont arrivées.

C'est important, de mettre le positif en avant !

Apprends à faire passer ton bien-être avant celui des autres

Faire passer ton propre bien-être avant celui des autres est indispensable.

Tu n'es pas convaincue ? Prenons l'exemple de l'avion. Au décollage, lors de l'énoncé des consignes de sécurité, on précise aux adultes qu'en cas de dépressurisation il est nécessaire qu'ils enfilent leur masque à oxygène en premier, avant d'en équiper les enfants autour d'eux. Pourquoi ? De façon justement à être en mesure de les aider : s'ils perdent connaissance, ils ne sont plus à même de protéger quiconque.

Eh bien, dans la vie, c'est pareil. Ça peut représenter un défi par moments, car il est considéré comme naturel de prendre soin des autres. Mais, pendant que tu portes le poids du monde sur tes épaules, qui te porte, toi ?

Ce n'est pas égoïste ni narcissique de penser à soi en premier.

Se faire passer au premier plan peut parfois être mal vu. Pourtant, cela n'empêche pas de penser aux autres. Tu te montres ainsi simplement consciente du fait que, si tu ne prends pas soin de toi, tu ne pourras pas être disponible pour les autres, ou alors pas dans de bonnes conditions.

De façon générale, te faire passer systématiquement au second plan ne t'apportera que de la frustration, t'empêchera de te sentir pleinement heureuse et accomplie.

Bien sûr, il y a des moments où l'on est moins en mesure de faire de son bien-être une priorité. C'est tout à fait normal. Il suffit de rétablir l'équilibre quand l'occasion se présente, de façon à garder sa santé mentale au meilleur niveau possible.

Pour appliquer au mieux ce principe, il y a plusieurs éléments que tu dois prendre en compte.

Identifie tes valeurs

Ainsi que tes besoins et tes envies, comme conseillé précédemment (voir « Crée ta propre échelle de succès », p. 150).

Prends le temps d'y réfléchir et de les identifier clairement. Quels sont également tes centres d'intérêt, tes passions, tes limites personnelles ?

Voilà qui t'aidera à faire tes choix en fonction de ta propre ligne de conduite, et tu sentiras plus facilement que ce que tu fais te correspond.

Ne te dévalorise plus

Au contraire, ose te valoriser. Au fil de ta lecture, j'espère sincèrement que tu as pu avoir le déclic pour te rendre compte de ta valeur et te traiter avec plus de bienveillance.

Tu mérites d'être toi-même, de t'écouter, d'être écoutée. N'accepte pas moins que ce que tu mérites.

Ose dire non

Dire non aux autres, c'est te dire oui à toi. Trop dire oui à ton propre détriment peut être néfaste et te donner l'impression qu'on te côtoie surtout pour que tu rendes des services. Un « non » n'est pas forcément une réponse négative. Tu n'es pas obligée d'être dans la confrontation pour faire respecter tes opinions. Défais-toi de cette peur que tu pourrais être moins aimée, ou qu'il pourrait y avoir un conflit si tu fixes des limites, car ce ne sera pas le cas. Les personnes qui t'apprécient vraiment pour qui tu es ne te tourneront pas le dos, seules celles qui sont en réalité simplement intéressées s'éloigneront. Finalement, cela opérera un tri, grâce auquel tu garderas les meilleur(e)s !

Il est possible que tu ne saches pas trop comment t'y prendre. Si c'est le cas, voici ce que tu peux faire :

- Imagine que tu défends les intérêts de quelqu'un d'autre lorsque tu négocies pour toi-même. Le fait d'avoir l'impression de jouer un rôle t'aidera à faire entendre ta décision.
- Montre que tu te mets à la place de ton interlocuteur et que tu le comprends (bien sûr, cela dépend des situations, ne prends pas l'habitude de toujours te justifier, tu as le droit de ne juste pas vouloir). Ce signe d'empathie le rendra plus enclin à accepter ton refus.
- Propose une ou plusieurs autres options à ton interlocuteur, pour qu'il comprenne que tu n'es pas la seule à pouvoir l'aider à arriver à ses fins.

Accepte le fait de ne pas pouvoir tout contrôler

Chacun est responsable de son bonheur, toi y compris. Tu peux essayer de conseiller tes proches si tu ressens qu'ils en ont besoin, mais s'ils ne sont pas prêts à se faire aider, tes efforts ne serviront à rien. Au contraire, tu pourras même courir le risque de te perdre toi-même et d'avoir une relation conflictuelle avec eux en insistant trop. Tu fais ton devoir de personne aimante en proposant ton aide. Mais libre à eux de choisir de la recevoir ou pas, car chacun est libre de ses réactions et de ses actions. Certaines personnes doivent se retrouver au pied du mur pour ouvrir les yeux. Finalement, ça peut aussi être une façon de leur rendre service que de les laisser se débrouiller un peu.

Il y a aussi la différence de point de vue qui compte : ce que tu peux considérer comme une erreur ne l'est pas forcément pour la personne concernée. On a chacun sa personnalité, ses attentes. Et puis, même s'il s'agit d'une erreur, ce n'est pas forcément mauvais d'en faire, car cela nous fait apprendre, grandir et devenir plus responsables.

En résumé, tu contrôles tes actions et tes réactions. Ne pollue pas tes pensées à te faire du souci à propos de choses sur lesquelles tu n'as aucun pouvoir.

EXERCICE Les barrières

Ce petit exercice est destiné à t'aider à te faire passer un peu plus au premier plan dans ton quotidien.

À partir de maintenant, consigne dans le tableau ci-dessous les situations dans lesquelles tu établis des limites pour faire passer ton bien-être en premier : décris la situation, ta réaction, ce que cela t'a fait ressentir, s'il y a eu une conséquence immédiate ou à court terme, et les bienfaits à moyen terme.

Tu te rendras ainsi plus facilement compte des bénéfices qu'il y a à prendre tes décisions activement, et de l'impact de ce refus de la passivité sur ta vie.

Voici un exemple :

SITUATION	Mon amie me demande de lui rendre un énième service. Ça ne me dérange pas si c'est de temps en temps, mais là elle me sollicite trop souvent, ça devient lourd pour moi.
MA RÉACTION	Je lui dis non, et qu'elle doit apprendre à se débrouiller davantage sans moi, car j'ai aussi des impératifs.

MON RESSENTI	Je me sens plus légère d'avoir osé lui dire non.
CONSÉQUENCES IMMÉDIATES	Elle le prend un peu mal.
CONSÉQUENCES APRÈS COUP	Elle me sollicite un peu moins qu'avant, et finit par comprendre. On a une relation un peu plus saine, qui repose moins sur l'esprit «pratique».

À toi de poursuivre en fonction de ton propre vécu !

SITUATION	....
MA RÉACTION	....
MON RESSENTI	....
CONSÉQUENCES IMMÉDIATES	....
CONSÉQUENCES APRÈS COUP	....

INSTAURE DES MOMENTS DE DISPONIBILITÉ ET D'INDISPONIBILITÉ

Désolée, j'suis pas disponible, j'ai rien à faire.

Prendre du temps pour soi est essentiel pour maintenir un équilibre sain dans sa vie et dans ses relations. Et quand je parle de temps pour soi, je désigne des moments consacrés à soi, pendant lesquels on ne se rend disponible pour personne, juste pour soi-même. Ce sont les fameux « *me time* ».

Chacune d'entre nous a une batterie sociale, mais elle se décharge plus ou moins vite selon les personnes : pour certaines il faut des jours, tandis que pour d'autres il suffit de quelques minutes.

Je ne conseillerai jamais assez d'essayer de la recharger avant qu'elle soit complètement à plat, pour ne pas être prise au dépourvu. Tout comme tu branches ton téléphone avant qu'il ne s'éteigne, recharge-toi aussi avant d'atteindre 0 % de batterie.

Ne te sens pas coupable de prendre et de protéger ces moments d'indisponibilité. Le monde ne va pas s'écrouler si tu disparais quelques heures.

ÉTAT DES LIEUX DE TES « *ME TIME* »

T'accordes-tu déjà des « *me time* » ? Suffisamment ou pas, ce petit questionnaire va te permettre de l'établir…

- Prends-tu des moments off, rien que pour toi ?

☐ OUI → C'est agréable, non ?

☐ NON → Tu changeras sûrement d'avis à la fin de ta lecture !

- Qu'aimes-tu faire pendant tes moments à toi ?

....

....

....

- De combien de temps as-tu besoin, en général, quand tu sens que tu dois recharger ta batterie sociale ?

....

....

....

- À quelle fréquence ressens-tu ce besoin de te retrouver avec toi-même ?

....

....

....

Le fait d'instaurer un équilibre entre les moments où l'on est entourée et ceux où l'on se consacre à soi permet de souffler et de se retrouver régulièrement. On vit vingt-quatre heures sur vingt-quatre avec soi-même, autant que notre esprit soit un endroit accueillant !

Ces moments donnent l'occasion de faire le point, de réévaluer ses besoins si nécessaire, mais aussi celle… de ne rien faire, de simplement profiter de la vie sans subir l'influence de l'extérieur.

Certaines personnes, toutefois, n'aiment pas se retrouver seules. Peut-être est-ce ton cas et la raison pour laquelle tu ne prends pas beaucoup de moments pour toi. Peut-être ressens-tu de la peur à l'idée d'être seule, ou crains-tu de t'ennuyer.

- Si tu sens que cela relève de la peur et t'empêche de faire certaines choses dans ta vie, tu peux consulter un(e) spécialiste, qui t'aidera à surmonter des blocages que tu pourrais avoir.
- Si tu as juste peur de t'ennuyer, je trouve qu'il est vrai que tout est meilleur quand c'est partagé avec quelqu'un. Mais sache que t'accorder des « *me time* » n'a pas pour but de t'isoler, et que même seule, ces expériences valent la peine d'être vécues. Tu en profiteras juste d'une façon différente. Ce ne sera pas à travers les yeux des autres, mais à travers les tiens, pour profiter plus pleinement de l'expérience en elle-même.

Dans tous les cas, c'est toi qui décides de ces moments : si tu te les accordes, quand, pour quelle durée, pour faire quoi… Ils visent précisément à te permettre de te recentrer sur toi-même et d'apprécier ta propre compagnie.

Cette pratique t'incite à apprendre à exister par toi-même plutôt que par le prisme des personnes qui t'entourent.

Tu n'as pas besoin de quelqu'un pour t'aimer toi-même et pour faire des activités. Tu es déjà entière en étant seule, prends le reste comme du bonus. Ne cherche pas chez les autres quelque chose à combler chez toi. Tu as tout ce qu'il faut à l'intérieur de toi, profite des petites choses de la vie !

> « Personnellement, je profite le plus souvent possible d'une « moi-tinée », d'un « moi-près-midi », d'une « moi-journée » (oui, j'ai inventé des mots, mais il y a un vrai concept derrière !). Lors de ces moments, je me livre seule à une ou plusieurs activités qui me font réellement envie. Il n'y a personne à convaincre, personne à attendre, pas de concession à faire, je profite réellement.
> Attention, j'aime beaucoup être entourée au quotidien. Toutes les occasions sont bonnes pour réunir ma famille et mes amis. Mais l'un n'empêche pas l'autre.
>
> Ces moments pour moi toute seule me sont devenus indispensables. J'aime passer du temps avec moi-même et profiter de moi, tout simplement.
>
> En fait, c'est en instaurant ces moments que j'ai appris à relativiser sur plein de choses et à aimer ma propre compagnie. Je ne suis plus gênée d'aller au cinéma seule, d'aller au restaurant seule, de faire du shopping seule, d'aller à une expo seule, de voyager seule…
>
> Même si c'est très agréable de profiter de ses loisirs avec d'autres personnes, il ne faut pas oublier que nous sommes des individus à part entière, et que toujours être dans une attente extérieure peut engendrer une certaine frustration. »

Tu aimerais voir ce film, mais personne ne veut ou ne peut venir avec toi ?

Tu aimerais découvrir cette ville, mais personne n'est disponible aux mêmes dates que toi ?

Tu aimerais tester ce nouveau resto qui a ouvert pas loin de chez toi, mais tes proches ne sont pas emballés ?

Profite et vas-y, fais ce que tu as envie de faire. Tu auras certainement encore plus de regrets, sinon.

Tu peux y aller pas à pas, tu n'es pas obligée de tout changer du jour au lendemain. Par exemple, pour le restaurant, si tu n'oses pas, au début tu peux prendre un plat à emporter, puis réserver une table qui ne se trouve pas au milieu de tout le monde, et ainsi de suite, jusqu'à ce que tu te sentes moins gênée.

Et prends le temps de regarder autour de toi, tu verras que d'autres personnes font la même chose, sans se soucier du regard des autres. Ça aide beaucoup !

Évaluation de tes « *me time* »

Je te propose maintenant de reprendre le questionnaire précédent et de décrire les bienfaits que ces temps pour toi t'apportent ou, selon toi, t'apporteraient.

- Ta batterie sociale te semble-t-elle mieux tenir la charge ?

  ....

- Ces temps pour toi te sont-ils bénéfiques ?

  ....

- Te sens-tu plus disponible et efficace après ces « *me time* » ?

  ....

Si tu as majoritairement répondu oui, tes réponses parlent d'elles-mêmes !

Si tu as majoritairement répondu non, peut-être que tes « *me time* » ne sont pas assez adaptés à tes envies. Dans ce cas, c'est l'occasion de rectifier le tir.

Essaie de faire en sorte de ne pas être dérangée : si tu n'es pas disponible, tu ne l'es pas, n'hésite pas à mettre ton téléphone en mode avion.

Peut-être que le contenu de ces moments ne te satisfait pas assez : passe en revue les activités que tu pourrais faire et qui t'apporteraient un sentiment de repos et de satisfaction immédiate.

Instaure ou continue d'instaurer des moments pour toi, tu mérites ces breaks, et tu te sentiras plus alignée avec toi-même dans ta vie quotidienne.

EXPRIME CLAIREMENT TES SENTIMENTS

	OUI	ÇA POURRAIT ÊTRE MIEUX
As-tu le sentiment d'avoir une bonne communication avec ton entourage?	☐	☐
Avec ta famille?	☐	☐
Avec tes amis?	☐	☐
Avec ton ou ta partenaire?	☐	☐
En règle générale, sens-tu que tu peux facilement communiquer avec eux?	☐	☐
As-tu le sentiment de pouvoir être toi-même avec les gens qui t'entourent?	☐	☐

Il est plus simple d'obtenir ce que l'on souhaite en le demandant plutôt qu'en espérant silencieusement que son entourage le devine.

Pourtant, nous recourons bien trop souvent aux non-dits — qui généralement apportent des complications.

Du point de vue de nos proches, ils peuvent ne pas comprendre certaines de nos réactions, ou ne pas se rendre compte que nous souhaitons opérer un changement.

En ce qui nous concerne, cette envie que les autres anticipent ou devinent ce que nous pensons peut apporter son lot de frustrations.

On a parfois trop tendance à négliger la vraie communication. Pourtant, c'est la clé de chacune de nos relations, qu'elle soit familiale, amicale, ou amoureuse.

Bien sûr, il y a des personnes de notre entourage qui ne sont pas très portées sur l'écoute. On en connaît toutes.

Malgré cela, si, dans ta phase de cheminement personnel, tu as une forte envie d'évoluer et de te sentir mieux dans tous les domaines de ta vie (ce qui est sûrement le cas si tu lis ce livre), je te conseille d'essayer ou de réessayer, au moins une fois. Comme ça, pas de regrets, n'est-ce pas ?

Ce serait dommage qu'une absence de communication concrète te mette dans des situations lourdes à porter : charge mentale pas assez partagée avec ton ou ta partenaire, attente d'une réaction de la part d'un proche et déception de ne pas l'avoir, manque du soutien qui t'est nécessaire pour t'accomplir dans un certain domaine...

Tu as des sentiments, des envies et des besoins légitimes. Chacun en a. Ose t'affirmer en exprimant ce que tu ressens, pour ne plus te sentir ignorée et éviter d'éprouver du ressentiment à certains moments de ta vie.

Tu pourrais même être étonnée : peut-être recevras-tu plus de réactions positives que ce que tu penses.

L'ÉCOUTE ACTIVE

Lorsque tu souhaites communiquer sur quelque chose d'important pour toi, tu peux proposer à tes proches de faire une session d'écoute active. Cette technique de communication a été mise au point par le psychologue américain Carl Rogers et consiste à utiliser le questionnement et la reformulation afin de s'assurer que l'on a compris au mieux le message de la personne avec qui l'on échange.

L'empathie et le respect sont au cœur de cette méthode.

Propose à ton interlocuteur de se mettre dans cette posture : elle va devoir t'écouter, réellement t'écouter, et non pas juste attendre que tu donnes tes arguments et que tu parles de tes sentiments pour te faire part des siens. Le but est que la personne n'interprète pas tes propos, te montre qu'elle comprend ce que tu peux ressentir.

Voilà qui favorise les notions de partage et de soutien.

Les rôles peuvent ensuite être échangés : tu peux recueillir les sentiments de la personne en face de toi.

Il est important de donner aux autres une chance de te comprendre, et de pouvoir ainsi déterminer si vous êtes ou non sur la même longueur d'onde. Tu pourras ensuite adapter ton discours et tes actions en conséquence.

Le fait de communiquer et de recueillir les impressions de tes proches ne doit cependant pas influencer tes décisions. Mais tu devrais pouvoir éviter facilement cet écueil après avoir travaillé ta confiance en toi-même, au travers des nombreux exercices de ce livre. Tu es maintenant vraiment au clair avec la personne que tu es, tes valeurs, tes besoins, etc.

La formulation de la demande

Tenter de communiquer au maximum est tout à ton honneur.

Étant donné que personne n'a le pouvoir de lire dans les pensées (le contraire ferait un peu peur, d'ailleurs !), essaie de formuler le plus clairement possible tes désirs.

Il est plus facile d'obtenir ce que tu souhaites s'il n'y a pas d'ambiguïté.

Pour cela, fais en sorte de formuler ta demande en :

- Utilisant des termes clairs et précis qui ne laissent pas place à une interprétation s'écartant de ce que tu exprimes.
- Donnant toutes les informations nécessaires pour que ton interlocuteur comprenne vraiment de quoi il retourne.
- Faisant comprendre que tu obtiendras ce que tu souhaites, avec ou sans son aide, mais que ce serait bien mieux s'il était de ton côté.

Par exemple, si tu souhaites te concentrer sur le fait de prendre confiance en toi et d'apprendre à t'aimer, et que tu en fais part à un proche qui a l'habitude de se livrer à des remarques qui ne sont pas de nature à t'aider à travailler sur toi-même, tu peux lui en parler de cette façon :

> « Je suis dans une démarche de développement personnel. Je souhaite apprendre à m'aimer plus qu'actuellement, pour me sentir mieux dans mon quotidien, et prendre confiance en moi. C'est quelque chose qui demande du temps et qui peut être difficile. Tu m'aiderais beaucoup si tu ne faisais plus de remarques ou de blagues sur mon physique. Je sais que tu ne penses pas forcément à mal, mais cela m'affecte d'une certaine façon, et j'ai besoin de recevoir tout le soutien possible de ta part pour réussir à me sentir mieux et à vivre ma vie de façon plus positive. »

Une fois que c'est fait, essaie de te concentrer sur les solutions plutôt que sur les problèmes :

Est-ce que les proches à qui tu t'es confiée t'ont écoutée ?

- Si oui, tant mieux.
- Si ce n'est pas le cas, leur réaction n'a pas à devenir un problème pour toi. Bien sûr, cela peut te faire de la peine de ne pas te sentir comprise, mais concentre-toi sur le fait que tu es en train de te trouver, et que c'est plus important que le reste.

Vois malgré cela comment tu peux faire pour te sentir au mieux avec toi-même et dans ton quotidien :

- Est-ce que prendre un peu de distance serait le mieux ?
- Est-ce que tu penses pouvoir mieux faire comprendre ton point de vue à tes proches avec un peu plus de dialogue (si ça ne demande pas une éternité, ne te prend pas toute ton énergie, et que tu arrives à rester droite avec toi-même en attendant) ?
- Il arrive aussi que les gens comprennent mieux en voyant les bénéfices concrets que tes choix de vie t'apportent, après un certain temps. Pas parce qu'ils ne veulent pas comprendre au départ, mais parce qu'ils n'ont juste pas la même « sensibilité » que toi, et qu'ils ne saisissent donc pas bien les enjeux et l'importance que ta démarche a pour toi.

Tout est une question de mesure et de ressenti.

Tu peux accepter que tes proches ne soient pas parfaits, qu'ils aient aussi leurs qualités et leurs défauts. Ils ont chacun leur histoire, leurs bagages émotionnels et leur personnalité.

Tu peux accepter qu'ils soient différents tout en leur donnant l'espace vital dont ils ont besoin, et sans que cela grignote sur le tien.

Ne te perds pas de vue à essayer de te faire comprendre. Convaincre les autres n'est pas ton objectif de vie.

Tu sauras de toute façon au fur et à mesure qui se place dans la catégorie des gens qui te comprennent, qui se place dans la catégorie de ceux qui ont du mal à comprendre, tout en restant bienveillants, et qui est dans la catégorie des gens qui ne comprennent pas et qui peuvent constituer un frein à ton développement personnel.

Ce sont avec les personnes de cette dernière catégorie qu'il vaudrait mieux prendre tes distances un moment, si tu en ressens le besoin et si ça peut t'aider à avancer dans ton cheminement.

Fais un tri dans ton entourage

Tu ne peux pas guérir dans un environnement qui t'a rendue malade.

On vient de voir le côté assez « optimiste » des réactions possibles de tes proches.
Malheureusement, il peut aussi arriver que la personne en face de toi ne comprenne pas du tout, voire que tu te rendes compte que ton ressenti et ta volonté ne sont pas respectés.

La famille

Il y a une phrase que j'aime beaucoup faire partager, car je la trouve très juste :
« Ta famille, ce n'est pas celle qui t'est imposée, c'est celle que tu choisis. »

On entend trop souvent des remarques du style « Mais ce sont tes parents, quand même », « Il ne faut pas en vouloir à ton grand-père, c'est une autre génération », « Va parler à ta tante, elle reste de ta famille », etc.

Cette dernière excuse est assez facile : sous prétexte qu'une personne fait partie de ta famille, elle peut te faire tous les coups bas possibles sans conséquence ? Surtout quand tu n'es pas fautive, ce genre de remarques peut t'apporter beaucoup de frustration et un sentiment d'injustice.

Alors, évidemment, il y a coup bas et coup bas.

L'erreur est humaine. Si quelqu'un a fait une erreur et que tu souhaites passer par-dessus, libre à toi. Mais tu as aussi tout à fait le droit d'exprimer ta désapprobation.

C'est trop simple de mal se comporter en attendant de se faire pardonner automatiquement, avant de recommencer. Il faudrait peut-être que ces personnes réfléchissent à deux fois avant de mal agir, tout simplement. Comme on dit, on récolte ce que l'on sème, donc, si l'on ne partage que du négatif, il ne faut pas s'attendre à recevoir du positif.

Les petits soleils

Nous vivons beaucoup plus sereinement lorsque nous sommes entourés de personnes positives qui nous tirent vers le haut.

As-tu des personnes dans ton entourage qui sont comme des petits soleils ?

Ils/elles dégagent une belle énergie, une bonne vibration, qui donne envie de s'en rapprocher.

Le simple fait de se retrouver près de ces personnes peut améliorer ton humeur, et t'aider à dédramatiser certaines situations. Elles mettent comme un baume sur les choses négatives, et peuvent te remonter le moral en un rien de temps.

Comme on l'a précédemment vu avec la loi de la vibration, on entend souvent qu'on attire les personnes qui ont la même énergie que soi. Si tu es optimiste, que tu te concentres sur ta confiance et sur ton développement personnel, tu auras plus de chances d'attirer ce genre de personnes positives dans ta vie.

C'est d'ailleurs tout le propos de ce dernier chapitre : bien choisir son entourage pour évoluer sereinement.

Tu as le droit de vouloir être bien entourée.

Cela vaut aussi bien pour ton ou ta partenaire que pour tes amis et les personnes que tu fréquentes à ton travail.

Ton ou ta partenaire

Concernant la personne avec qui tu partages ta vie, choisis judicieusement. Ne laisse pas n'importe qui accéder à ton énergie, surtout au quotidien.

Plaire à tout le monde, c'est plaire à n'importe qui. Reste toi-même, et tu finiras par trouver quelqu'un qui vibre de la même façon que toi.

Une relation amoureuse doit être sécurisante. Tu dois sentir que tu peux être toi-même, que l'autre te tire vers le haut et te soutient dans tes projets de vie.

Tu ne mérites pas que le strict minimum. Qui n'est pas prêt à te donner ce dont tu as besoin n'est pas fait pour rester à tes côtés.

Garde toujours ça dans un coin de ta tête pour ne pas te dévaloriser et continuer à avancer sereinement dans ta vie.

Tes ami(e)s

C'est pareil pour tes ami(e)s. Demande-toi qui t'applaudit réellement quand tu gagnes. Qui te soutient dans tes projets de vie. Qui répond présent quand tout va mal.

On peut être entourée de nombreuses personnes, mais c'est dans ce genre de situations que certain(e)s tirent leur épingle du jeu.

Si tu sens que c'est nécessaire pour t'aider à avancer, n'hésite pas à prendre tes distances avec les personnes qui t'apportent beaucoup plus de négatif que de positif.

Parfois, on peut aussi ressentir le besoin d'avancer séparément, sans pour autant avoir un mauvais ressenti. Ta fréquence peut n'être plus alignée sur celle de certaines personnes, et ce n'est pas grave. Ce n'est pas pour autant que votre relation ne t'a rien apporté.

Si une personne est vraiment faite pour être dans ta vie, ton chemin recroisera le sien à un moment donné. Fais confiance au processus.

Si tu as des doutes, demande-toi : « Est-ce que j'aime passer du temps avec cette personne ? »

Tu auras ta réponse, tes sensations ne mentent pas !

Si tu sens que l'un(e) de tes proches a un peu de mal à te comprendre, mais que tu peux quand même être toi-même quand tu es avec lui ou elle, que cette personne conserve quand même une aura bienveillante envers toi, tu peux avoir envie de conserver le lien que vous avez et la garder dans ta vie.

Le tout est d'arriver à faire la distinction entre une personne qui ne va rien t'apporter et juste te tirer vers le bas et une personne bien intentionnée, qui t'aime, qui peut juste parfois être maladroite.

N'hésite pas aussi à écouter ton intuition quand tu rencontres du monde. Fais confiance à ta sagesse intérieure pour savoir quoi faire et prendre des décisions.

EXERCICE Le cercle des relations

Pour t'aider à faire un petit état des lieux de tes relations avec tes proches, voici un exercice que tu peux faire.

Colle une photo de toi à la place de l'illustration si tu le souhaites, pour plus de réalité.

Tu as donc trois cercles autour de toi.

Chaque cercle représente ton degré de proximité avec tes proches.

Note dans le cercle le plus proche de toi les prénoms des personnes qui sont les plus importantes pour toi.

Dans le deuxième cercle, ajoute les prénoms des personnes qui viennent juste après.

Pareil pour le troisième.

(Pas besoin d'inclure les gens que tu croises en soirée tous les 36 du mois, ou une cousine que tu ne vois jamais : il s'agit surtout de gens qui sont dans ta vie, de façon plus ou moins régulière.)

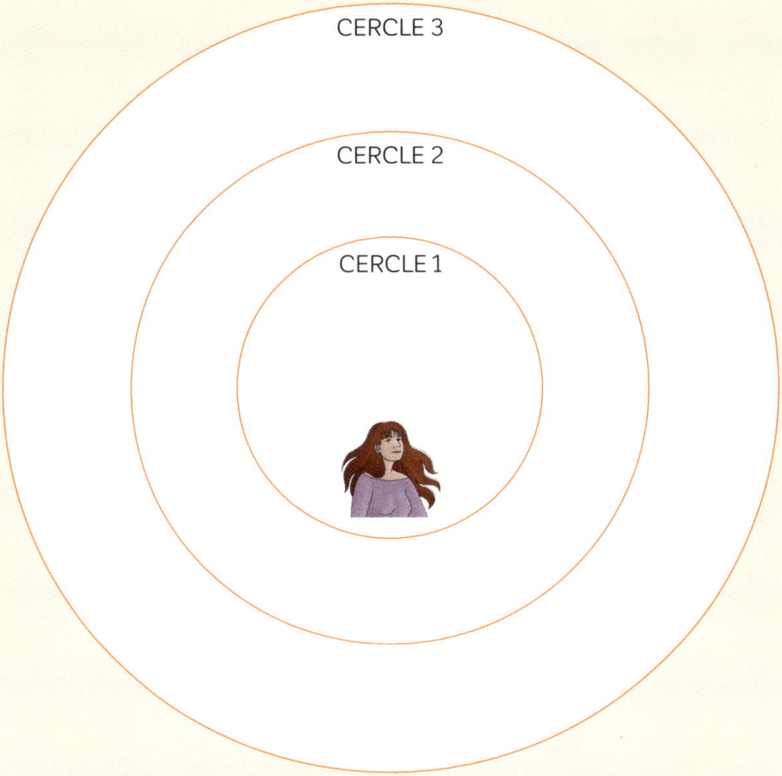

Répertorie ensuite chaque personne de ton cercle dans la liste ci-après.

Entoure la sensation qui correspond à ton sentiment après tes interactions avec chacune d'entre elles.

Est-ce qu'après avoir parlé à cette personne tu te sens joyeuse ? Plutôt neutre ? Ou dans un état négatif ?

Au bout de plusieurs interactions, tu verras quelle sensation ou quel sentiment revient le plus, et tu pourras plus facilement déterminer si cette personne est bonne pour toi ou pas.

Bien sûr, comme dans tout, il y a des nuances. Mais ce sera à toi de les déterminer, au cas par cas, si tu souhaites prendre certaines décisions.

PRÉNOM	....	
SENSATION	Interaction 1 Positif Neutre Négatif	Interaction 2 Positif Neutre Négatif
	Interaction 3 Positif Neutre Négatif	Interaction 4 Positif Neutre Négatif
	Interaction 5 Positif Neutre Négatif	Interaction 6 Positif Neutre Négatif

PRÉNOM	....	
SENSATION	Interaction 1 Positif Neutre Négatif	Interaction 2 Positif Neutre Négatif
	Interaction 3 Positif Neutre Négatif	Interaction 4 Positif Neutre Négatif
	Interaction 5 Positif Neutre Négatif	Interaction 6 Positif Neutre Négatif

PRÉNOM	....	
SENSATION	Interaction 1 Positif Neutre Négatif	Interaction 2 Positif Neutre Négatif
	Interaction 3 Positif Neutre Négatif	Interaction 4 Positif Neutre Négatif
	Interaction 5 Positif Neutre Négatif	Interaction 6 Positif Neutre Négatif

PRÉNOM	....	
SENSATION	Interaction 1 Positif Neutre Négatif	Interaction 2 Positif Neutre Négatif
	Interaction 3 Positif Neutre Négatif	Interaction 4 Positif Neutre Négatif
	Interaction 5 Positif Neutre Négatif	Interaction 6 Positif Neutre Négatif

PRÉNOM	....	
SENSATION	Interaction 1 Positif Neutre Négatif	Interaction 2 Positif Neutre Négatif
	Interaction 3 Positif Neutre Négatif	Interaction 4 Positif Neutre Négatif
	Interaction 5 Positif Neutre Négatif	Interaction 6 Positif Neutre Négatif

PRÉNOM	....	
SENSATION	Interaction 1 Positif Neutre Négatif	Interaction 2 Positif Neutre Négatif
	Interaction 3 Positif Neutre Négatif	Interaction 4 Positif Neutre Négatif
	Interaction 5 Positif Neutre Négatif	Interaction 6 Positif Neutre Négatif

PRÉNOM ....

SENSATION

Interaction 1			Interaction 2		
Positif	Neutre	Négatif	Positif	Neutre	Négatif
Interaction 3			Interaction 4		
Positif	Neutre	Négatif	Positif	Neutre	Négatif
Interaction 5			Interaction 6		
Positif	Neutre	Négatif	Positif	Neutre	Négatif

PRÉNOM ....

SENSATION

Interaction 1			Interaction 2		
Positif	Neutre	Négatif	Positif	Neutre	Négatif
Interaction 3			Interaction 4		
Positif	Neutre	Négatif	Positif	Neutre	Négatif
Interaction 5			Interaction 6		
Positif	Neutre	Négatif	Positif	Neutre	Négatif

PRÉNOM ....

SENSATION

Interaction 1			Interaction 2		
Positif	Neutre	Négatif	Positif	Neutre	Négatif
Interaction 3			Interaction 4		
Positif	Neutre	Négatif	Positif	Neutre	Négatif
Interaction 5			Interaction 6		
Positif	Neutre	Négatif	Positif	Neutre	Négatif

PRÉNOM	....	
SENSATION	Interaction 1 Positif Neutre Négatif	Interaction 2 Positif Neutre Négatif
	Interaction 3 Positif Neutre Négatif	Interaction 4 Positif Neutre Négatif
	Interaction 5 Positif Neutre Négatif	Interaction 6 Positif Neutre Négatif

PRÉNOM	....	
SENSATION	Interaction 1 Positif Neutre Négatif	Interaction 2 Positif Neutre Négatif
	Interaction 3 Positif Neutre Négatif	Interaction 4 Positif Neutre Négatif
	Interaction 5 Positif Neutre Négatif	Interaction 6 Positif Neutre Négatif

PRÉNOM	....	
SENSATION	Interaction 1 Positif Neutre Négatif	Interaction 2 Positif Neutre Négatif
	Interaction 3 Positif Neutre Négatif	Interaction 4 Positif Neutre Négatif
	Interaction 5 Positif Neutre Négatif	Interaction 6 Positif Neutre Négatif

PRÉNOM ....

SENSATION

Interaction 1	Interaction 2
Positif Neutre Négatif	Positif Neutre Négatif
Interaction 3	Interaction 4
Positif Neutre Négatif	Positif Neutre Négatif
Interaction 5	Interaction 6
Positif Neutre Négatif	Positif Neutre Négatif

PRÉNOM ....

SENSATION

Interaction 1	Interaction 2
Positif Neutre Négatif	Positif Neutre Négatif
Interaction 3	Interaction 4
Positif Neutre Négatif	Positif Neutre Négatif
Interaction 5	Interaction 6
Positif Neutre Négatif	Positif Neutre Négatif

PRÉNOM ....

SENSATION

Interaction 1	Interaction 2
Positif Neutre Négatif	Positif Neutre Négatif
Interaction 3	Interaction 4
Positif Neutre Négatif	Positif Neutre Négatif
Interaction 5	Interaction 6
Positif Neutre Négatif	Positif Neutre Négatif

Peu importe les décisions que tu prends, garde en tête que chaque personne qui t'entoure est là pour une raison. Qu'elle t'apporte du positif ou du négatif, tu ne cesses jamais de grandir, d'évoluer, de te développer.

Au fur et à mesure du temps et de tes expériences de vie, tu apprendras à poser plus facilement des limites et à te sentir plus alignée avec tes envies.

N'oublie pas que tu as le droit d'être traitée avec respect, de te sentir heureuse et fière de toi, d'exprimer tes ressentis et émotions, d'avoir tes propres attentes, projets et objectifs, et de dire non quand des choses ne te conviennent pas.

SENS-TOI BIEN AU TRAVAIL

Choisis un travail que tu aimes, et tu n'auras pas à travailler un seul jour de ta vie.

Confucius

- Quelle activité exerces-tu en ce moment ?

....

- Sur une échelle de 1 à 10 (10 étant la meilleure), quelle note donnerais-tu au bonheur ou à la satisfaction que tu ressens à exercer ton métier actuel ?

1	2	3	4	5	6	7	8	9	10
☐	☐	☐	☐	☐	☐	☐	☐	☐	☐

- Si tu as attribué à ton emploi une note de 5 ou inférieure à 5, que pourrais-tu faire concrètement pour changer les choses et te sentir plus épanouie ?

....

....

- Si tu n'avais aucune barrière ni aucune limite financière, qu'aimerais-tu faire ?

....

....

Comment parler de développement personnel sans parler de l'univers professionnel ?

Nous passons beaucoup de temps au travail, au long de notre vie : en moyenne 15 % de notre temps éveillé (pour un ressenti de 50 %). Il vaut donc mieux s'assurer d'aimer ce qu'on fait et ne pas exercer son activité avec une boule au ventre (ça vaut aussi pour les entrepreneuses).

Par ailleurs, plus le temps avance, plus les gens sont en quête de sens.

Alors que les baby-boomers (nés entre 1946 et 1964) et la génération X (née entre 1965 et 1979) donnaient une dimension « survie » au travail et pouvaient rester dans la même entreprise toute leur vie, ces priorités se ressentent de moins en moins au sein des nouvelles générations.

Les générations Y et Z (née entre 1980 et 1999 pour la première, et à partir de 2000 pour la seconde) souhaitent plus que jamais donner un sens à leur activité professionnelle, et concilier travail et bonheur. Les personnes de ces générations sont donc moins enclines à « subir » leur travail, préfèrent mettre au premier plan le sentiment d'accomplissement, le respect de l'entreprise envers le travail accompli et la personne qu'elles sont, la reconnaissance et l'épanouissement.

Les relations avec nos collègues font aussi beaucoup dans le sentiment d'épanouissement que nous pouvons ressentir. On peut adorer son job et pourtant se retrouver frustrée à cause d'un manager toxique ou d'un(e) collègue antipathique.

Si c'est le cas, je te conseille de mettre en place les techniques exposées précédemment. N'hésite pas à poser des limites et à dire non si tu en ressens le besoin.

Si malgré tout l'ambiance est vraiment un problème, si tu sens que cela peut déboucher sur un burn-out ou autre, essaie de voir si tu peux faire remonter l'info en interne pour qu'une solution soit trouvée, ou alors, en dernier recours : change de travail. (Ne joue JAMAIS avec ta santé mentale pour ton travail. Ça n'en vaut pas la peine — discours typiquement « Gen Y », car je le suis, mais il n'y a finalement rien de mal à vouloir penser à soi en premier et à se sentir bien dans sa vie. Si tu lis ce livre, tu es d'ailleurs très probablement d'accord avec moi.)

Tu n'as pas à subir la mauvaise humeur ou les mauvais comportements de tes collègues dans ton environnement de travail. Tu n'es pas un punching-ball pour pallier les traumas et la connerie des autres, tu es payée pour faire ton travail, et tu as le droit de te faire respecter en le faisant, point.

Si tu te sens épanouie dans ton travail au quotidien, bravo !

Comme le souligne la phrase de Confucius en exergue, lorsqu'on fait ce qu'on aime, la tâche paraît plus naturelle, et on a un sentiment de satisfaction plus élevé que si on subit son job.

Quand je fais en sorte de me rappeler chaque jour pourquoi je dois travailler

Dans tous les cas, à moins d'être née dans une famille riche et d'avoir la possibilité de se la couler douce (ce qui n'est pas négatif en soi, chacune est libre de faire ce qu'elle veut et de profiter des avantages et occasions qui se présentent), on est obligée de travailler. Que ce soit pour soi ou pour un employeur.

Car il faut bien avoir des sous pour subvenir à ses besoins les plus élémentaires, se payer les cocktails du vendredi avec les copines et son prochain voyage sous les cocotiers…

> Si tu n'aimes pas l'endroit où tu es, bouge, tu n'es pas un arbre.

Le fait de ne pas se sentir bien dans son activité peut provenir de plusieurs facteurs :

- Le manque de confiance en soi.
- La difficulté du métier, ou des conditions de travail qui ne conviennent pas.
- Des collègues qui mettent une mauvaise ambiance.
- Le manque de pauses et le sentiment d'être souvent sous l'eau.
- Le manque de sens qu'on peut trouver à son travail.
- La sensation de n'être tout simplement pas à sa place, le sentiment que ce que l'on fait ne correspond pas réellement à la personne que l'on est.

EXERCICE 1 L'Ikigai

Si tu as envie de trouver une activité qui colle vraiment à la personne que tu es, et qui te donne envie de te lever le matin, je te conseille de faire un ikigai (prononcer *ikigaï*).

Il s'agit d'un concept japonais : *iki* veut dire « vie », et *gai* signifie « valeur ». On peut donc le traduire par « raison d'être » ; c'est ce qui donne de la valeur à l'existence.

Cette philosophie de vie consiste à trouver sa vocation pour se sentir plus heureuse.

Car en faisant une activité qui ne te convient pas, tu peux avoir l'impression de passer en partie à côté de ta vie, et de la vivre en mode « pilotage automatique ».

Voici à quoi ressemble un *ikigai* :

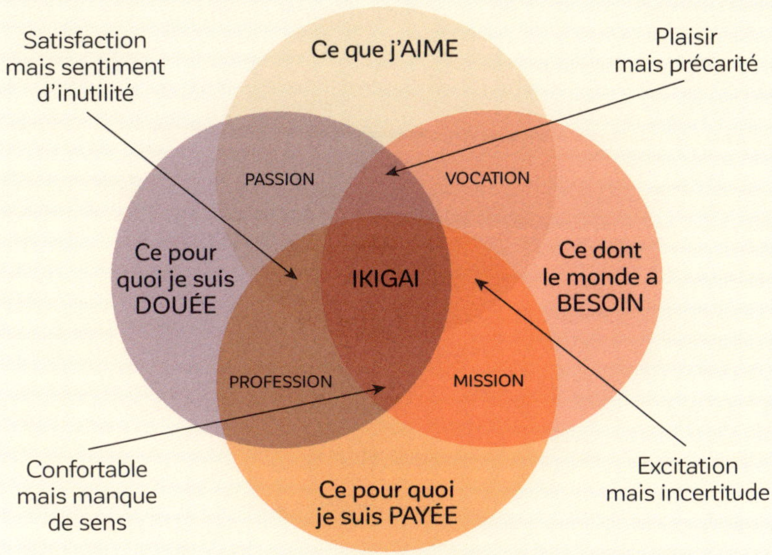

Pour faire ton propre *ikigai*, avec les informations qui te concernent, il te faut :

- Compléter le schéma page suivante ou prendre une grande feuille et tracer quatre disques de couleur qui se rejoignent, comme sur le schéma, ou utiliser le schéma vierge qui se trouve juste après ces explications.
- Écrire soit dans chaque disque, soit à côté :
  - **Dans le disque « Ce que j'aime »**, tout ce que tu aimes faire dans la vie, ou ce qui t'apporte de la joie. Il peut s'agir de tes hobbies, de tes musiques préférées, de ce que tu apprécies manger…
  - **Dans le disque « Ce pour quoi je suis douée »**, ce que tu sais faire, tes talents particuliers, des choses que tu fais mieux

que la plupart des gens. Peut-être que tu es très douée en pâtisserie ? Pour raconter des histoires ? Pour écouter les gens ?

- **Dans le disque «Ce pour quoi je suis payée»**, tes compétences professionnelles. Quel est ton métier ? Y aurait-il quelque chose d'autre que tu pourrais faire en étant payée ?
- **Dans le disque «Ce dont le monde a besoin»**, les causes qui t'animent, la contribution que tu pourrais apporter à ton échelle.

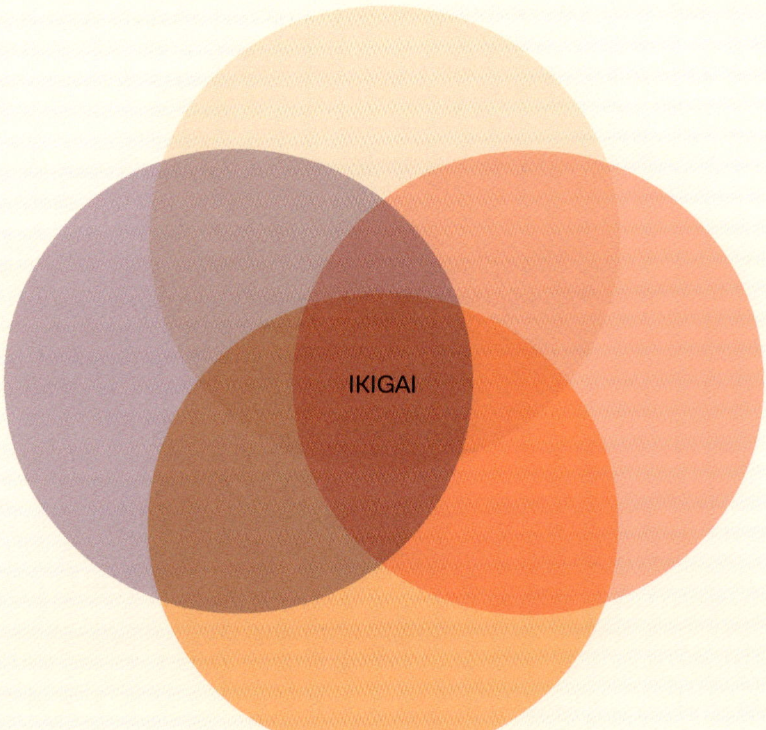

Une fois que tu as rempli chaque disque, que tu as listé ce qui y correspond, concentre-toi sur chaque élément de tes listes et demande-toi si l'un d'entre eux pourrait se trouver à l'intersection des quatre cercles.

EXERCICE 2

Fais bien la distinction entre ce que tu aimes et ce que tu pourrais faire toute ta vie.

Par exemple, tu peux aimer écouter les problèmes des gens, mais avoir très vite besoin de recharger ta batterie sociale, dans ce cas le métier de psychologue ne te conviendrait pas.

De même, si tu aimes fabriquer des bougies et que tu es douée pour ces créations, demande-toi :

- Si tu serais prête à ne faire que ça de ton temps.
- Si cette activité t'apporterait suffisamment d'argent pour vivre dignement.
- Si tu en tirerais une réelle satisfaction.
- Si tu répondrais ainsi à un besoin (ici, par exemple, les potentiels clients de bougies contenant un bijou-surprise à découvrir quand la cire fond — concept d'ailleurs déjà exploité par des entreprises — sont plus nombreux que les potentiels acheteurs de bougies en forme de raie manta — ça existe, des gens qui font ça ?).

Demande-toi ensuite, à propos des idées restantes, ce que tu ressentirais si tu n'exerçais pas une activité en rapport avec elles :

- Est-ce que ça ne te ferait pas grand-chose ?
- Est-ce que tu éprouverais un manque ?

Tu peux évidemment mettre de côté ce qui a priori ne te manquerait pas.

À la fin, tu trouveras ton *ikigai* parmi la ou les idées que tu n'as pas éliminées.

Cette idée ou ces idées renvoient au type d'activité le plus épanouissant pour toi : à l'intersection entre passion, mission, profession et vocation !

EXERCICE 3 Mind mapping

Si tu préfères, tu peux aussi créer ton *ikigai* différemment, en t'aidant de l'exercice de la carte mentale (aussi appelé *mind mapping*).

Voici un exemple, à étoffer de ta propre réflexion :

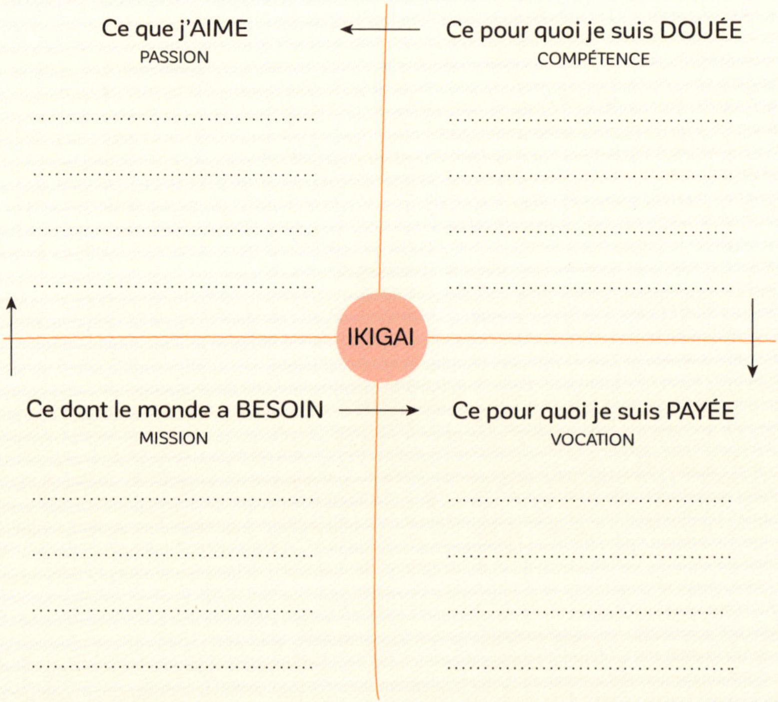

Écris dans chaque branche de chaque quadrant les informations correspondantes.

Ajoute autant de branches que tu juges nécessaire.

Crée des connexions entre les quadrants et entre les branches, pour montrer leur connexion, et voir si une ou plusieurs idées regroupent les quatre.

N'hésite pas à ajouter des petits dessins et des symboles pour illustrer ton propos. La carte mentale n'en sera que plus jolie et plus lisible.

En dessous de la carte, garde-toi un petit espace pour écrire ta réflexion personnelle, les actions que tu pourrais effectuer pour aligner ta vie sur ton *ikigai*, et éventuellement une chronologie, si tu as déjà une idée précise de ce que tu peux faire et de comment cela peut évoluer au fil du temps.

Donne-toi les moyens de tes objectifs

Tu as le choix de te lancer dans une activité qui t'apporte de la joie au quotidien. Tu n'es pas obligée de subir ta vie !

Bien sûr, si tu es dans une situation un peu tendue qui t'empêche d'opérer un changement rapide et efficace, tu peux te donner un objectif et un délai, et travailler sur cet accomplissement.

Création d'entreprise

Par exemple, s'il te faut le temps de te constituer un apport financier pour démarrer un projet, tu peux le mettre à profit pour :

- Essayer de mettre un peu d'argent de côté chaque mois.
- Te renseigner sur l'existence éventuelle d'aides qui pourraient te faire avancer : des aides financières, mais aussi des ressources disponibles *via* des formations en ligne ou en te renseignant auprès de la chambre de commerce et d'industrie de ta région.
- Travailler ton projet pour y déceler les avantages et les inconvénients, anticiper au maximum, discuter avec des personnes qui sont là où tu souhaites aller (on sous-estime trop souvent le pouvoir des relations, alors qu'une conversation peut te motiver et/ou te faire gagner un temps précieux, surtout en ce qui concerne les choses à faire et à ne pas faire : rien ne vaut un ou plusieurs retours d'expérience).

Reconversion ou montée en compétences

Si tu souhaites changer de métier ou monter en compétences, rien ne t'empêche de débuter une formation à côté de ton travail actuel.

Certes, cela demande un investissement en temps plus ou moins lourd, mais il est nécessaire d'en passer par là si tu aspires à quelque chose de mieux par la suite. Que représentent quelques mois face à toute une vie plus épanouissante ensuite ?

Garde à l'esprit tes attentes et objectifs : tu te lances dans ce projet pour toi-même et pour te sentir mieux dans ta vie.

Aménagement de ton poste actuel

Si tu as déjà trouvé ta voie et que tu souhaites juste te sentir mieux dans ton travail, car on peut aimer son travail tout en ne s'y sentant pas tout à fait épanouie, il peut suffire de certains petits changements ou de t'organiser autrement pour rendre l'expérience plus sympa :

- Autorise-toi à vraiment déconnecter quand tu n'es plus à ton travail : ouste ! les notifications sur ton téléphone personnel, et l'habitude de vérifier tes mails pro dès le réveil.
- Organise tes journées en fonction des priorités, pour éviter à la fois la routine et le stress.
- Fixe-toi tes propres objectifs et félicite-toi pour le travail que tu fais : oui, tu peux t'offrir cette petite sortie ciné, ou t'acheter ce sac sur lequel tu lorgnes depuis beaucoup trop longtemps.

Je te souhaite de te sentir plus épanouie au quotidien en conciliant bonheur et activité professionnelle.

Chacune a des aspirations profondes, et la vie est quand même plus sympa quand on fait ce qu'on aime.

Conclusion

Le développement personnel n'est pas un chemin linéaire. Il est composé de hauts et de bas, mais la volonté de l'utiliser pour se retrouver et améliorer sa vie est déjà un grand pas. Alors, pour ça, bravo à toi !

En me plongeant dans ce concept il y a déjà plusieurs années, j'ai appris à me connaître, à savoir ce qui est bon pour moi, à poser des limites, à me recentrer sur le positif et sur ce qui me fait du bien. À être plus heureuse, en somme.

Bien sûr, c'est un cheminement qui prend toute une vie, et même s'il peut parfois être inconfortable, nous renvoyer à nos peurs et à nos limites, nous ne cessons jamais d'apprendre sur nous et sur les autres. Car c'est là tout le principe du développement personnel : apprendre.

J'ai souhaité partager avec toi un peu de tous ces bienfaits, pour que toi aussi tu aies le plus d'outils possible pour te lancer ou continuer d'évoluer sereinement dans cette voie, et en savoir plus sur toi-même.

J'espère que ce livre a résonné en toi.

N'oublie pas que ta vie est faite pour être vécue pleinement. Tu n'as pas à renier qui tu es pour le confort des autres. Ne crains pas de suivre ta propre voie, de ne pas rentrer dans certaines cases. Le monde a besoin de personnes qui sont différentes, et c'est ce qui donne toute sa saveur à la vie. Ce serait très ennuyeux si nous étions tous similaires, non ?

Tu es l'héroïne de ta propre vie, et tu mérites de te mettre au centre de ta propre histoire pour la faire devenir mémorable.

D'après une étude australienne, le regret numéro 1 des personnes en fin de vie est de ne pas avoir eu le courage de la vivre comme ils l'entendaient, d'avoir trop fait selon les autres[1].

N'hésite pas à demander de l'aide à des professionnel(le)s si tu sens que tu as besoin de creuser un sujet, notamment pour guérir des blessures qui pourraient t'empêcher d'avancer sereinement. Il n'y a aucune gêne à avoir : vouloir se faire aider, c'est au contraire une preuve de courage et de sagesse.

La vie est trop précieuse pour prendre le risque de sacrifier ton bonheur.

Alors, embrasse ton authenticité, sois toi-même, avec tes forces et tes faiblesses, tes qualités et tes défauts.

Tu es unique, personne n'est toi, et c'est très bien comme ça.

Avec plein d'amour et de bienveillance,

Alexia

1. Ware, Bronnie, *Les 5 regrets des personnes en fin de vie*, Paris, Guy Trédaniel Éditeur, 2013.

Remerciements

Comme dirait Snoop Dogg: « I want to thank me for believing in myself. I want to thank me for doing all this hard work[1] ». Parce que c'est important de se remercier soi-même et de célébrer ses victoires. Je me remercie d'avoir osé me lancer dans cette expérience d'écriture que j'ai beaucoup aimée et qui me permet d'ajouter une nouvelle corde (stylée) à mon arc: celle d'autrice.

Je remercie Chloé, mon éditrice, de m'avoir proposé ce superbe projet, et d'avoir eu la patience de répondre à mes 394 343 questions. Heureusement qu'on ne paye plus les appels téléphoniques à la minute, sinon c'était la ruine!

J'aimerais également remercier mes grands-parents, grâce à qui j'en suis en partie là où je suis aujourd'hui: je vous aime.

Merci aussi à celui qui partage ma vie, qui me soutient au quotidien, qui me tire vers le haut, et qui a toujours une blague en réserve quand il me voit stressée.

Enfin, merci à toutes les personnes que j'aime qui m'entourent. Vous êtes une source d'inspiration pour moi, et je suis heureuse vous avoir dans ma vie.

1. « Je veux me remercier d'avoir cru en moi. Je veux me remercier d'avoir fait tout ce travail. » (NDLE)

pca
cmb
édition pré-presse
livres numériques

44400 Rezé